SCRIPTORVM CLASSICORVM

BIBLIOTHECA OXONIENSIS

OXONII

E TYPOGRAPHEO CLARENDONIANO

CORNELII TACITI

OPERA MINORA

RECOGNOVERVNT
BREVIQVE ADNOTATIONE CRITICA INSTRVXERVNT
M. WINTERBOTTOM

ET

R. M. OGILVIE

OXONII
E TYPOGRAPHEO CLARENDONIANO

Oxford University Press, Great Clarendon Street, Oxford OX2 6DP

Oxford University Press is a department of the University of Oxford.
It furthers the University's objective of excellence in research, scholarship,
and education by publishing worldwide in

Oxford New York

Athens Auckland Bangkok Bogotá Buenos Aires Cape Town
Chennai Dar es Salaam Delhi Florence Hong Kong Istanbul Karachi
Kolkata Kuala Lumpur Madrid Melbourne Mexico City Mumbai Nairobi
Paris São Paulo Shanghai Singapore Taipei Tokyo Toronto Warsaw

with associated companies in Berlin Ibadan

Oxford is a registered trade mark of Oxford University Press
in the UK and in certain other countries

Published in the United States
by Oxford University Press Inc., New York

ISBN 0-19-814658-2

10

Printed in Great Britain on acid-free paper by
Bookcraft (Bath) Ltd., Midsomer Norton

PRAEFATIO

Hoc volumen in locum eius succedit quod Henricus Fur-
neaux anno 1900 Oxonii prodidit (*Germaniam* et *Agricolam*
iterum recensuit J. G. C. Anderson a. 1938). Quem hic vides
Agricolam a. 1967 edidit R. M. Ogilvie;[1] *Germaniam* et *Dialogum* ego denuo recognovi. Quid de recensendis his libellis
iudicemus, alibi exposuimus,[2] hic adumbrare tantum licet.

Cornelii Taciti opera minora ante renatas saeculo quinto
decimo litteras legebant vel certe imitabantur pauci.
Dialogus de Oratoribus, postquam Plinius[3] nemora illa et
lucos memoravit, omnino, ut videtur, delituit. Libri *de
Origine et Situ Germanorum* et *de Vita Iulii Agricolae* fortasse
Cassiodoro praesto erant, siquidem hic relucet ex paginis
Iordanis[4] (cuius *Getica* ex libro quodam deperdito Cassiodori
pendere conicias), illo semel usus est Senator ipse.[5] Nono
deinde saeculo Ruodolfus Fuldensis[6] *Germaniam* populatus
est, postea Adam Bremensis[7] (ante a. 1075) et Petrus Dia-
conus,[8] bibliothecarius Casinensis, (circa a. 1135) *Agricolam*
redolent. Sed quis pro certo adfirmabit libellos ipsos Cor-
nelianos his scriptoribus ad manum iacuisse? Hoc tantum
adfirmes, prima parte saeculi noni codicem sive in Germania sive in Gallia scriptum esse qui *Agricolam* saltem

---

[1] *Cornelii Taciti de Vita Agricolae*, ed. R. M. Ogilvie, I. Richmond
(Oxonii, 1967). Pauca hic correcta sunt.

[2] Op. cit., 80–90. *Philologus* 116 (1972), 114–28; *Cl. Phil.* 70 (1975), 1–7.

[3] *Ep.* 9. 10, 2 (cf. *Dial.* 9, 6 et 12, 1). Plura invenies ap. C. W. Mendell,
Tacitus (New York, 1957), 225–38.

[4] *Get.* 2. 12–13 (= *Mon. Germ. Hist.* a.a. V. 1. 56–7); cf. *Agr.* 10–11.

[5] *Var.* 5. 2; cf. *Germ.* 45, 4.

[6] *Transl. S. Alex.* 1–2 (= *Mon. Germ. Hist.* scr. II. 675); cf. *Germ.* 4 et
9–11.

[7] *Gesta Hamm. Eccl. Pont.* 1. 3 (= *Patr. Lat.* 146. 461); cf. *Agr.* 11, 1.

[8] *Patr. Lat.* 173. 1071–2; cf. *Agr.* 1–2. Vide H. Bloch, *Classical Philology*
36 (1941), 185–7.

continebat. Nam id fortuna praestitit, ut a. 1902 codex Aesinas[1] ad lucem reverteretur, cuius pars, Carolina (ut aiunt) manu scripta, *Agricolam* 13, 1 *munia*–40, 2 *missum* praebet (ff. 56–63: *E*), pars, manu Stephani Guarnerii, cancellarii Perusini (obiit post a. 1490), et *Agricolam* supplet (ff. 52–5, 64–5: *e*) et *Germaniam* addit (ff. 66–75: *E*).

Inter plerosque constat (nec multum interest eius qui textum trium horum librorum stabilire conatur) veterem partem codicis Aesinatis nihil aliud esse nisi fragmentum libri illius celeberrimi de quo scripsit ad Nicolaum Nicolum a. 1425 Poggius, ad Guarinum Veronensem anno sequenti Antonius Panormita: illius quem a. 1431 in commentario descripsit Nicolaus, a. 1455 Romae vidit Petrus Candidus Decembrius.[2] Hunc Hersfeldensem in Italiam transportavit, ut videtur, Enoch Asculanus a. 1455, integrum tunc quidem et praeter Suetonii librum *de Grammaticis et Rhetoribus* tria opera minora Taciti continentem. At viginti post annis Iacobus, Poggii filius, hoc testatur: 'nostris temporibus Pii Pontificis opera [i.e. post a. 1458] in Italiam venit. Suetonius hic: et Cornelius de situ et origine germanorum: et de oratoribus. Sed corruptus: et laceratus.'[3] Cum hoc testimonio consentit illud ad calcem codicis Leidensis a. 1460 adnotatum: 'hos libellos [sc. *Dial.*, *Germ.*, *de Gramm.*] Iovianus pontanus excripsit nuper adinventos et in lucem relatos ab Enoc Asculano quamquam satis mendosos.' Igitur, si de uno eodemque libro agitur, inter annos 1455 et 1458 *Agricola* separatus est.

Minime ergo hoc mireris, *Agricolam* rarissime exscriptum esse. Quin praeter Aesinatem eiusque apographon Toletanum duos tantum codices habemus, Vaticanos latinos 3429 (*A*: manu Iulii Pomponii Laeti, ob. 1497) et 4498 (*B*).

---

[1] Vide in primis R. Till, *Handschriftliche Untersuchungen zu Tacitus Agricola und Germania* (Berlin–Dahlem, 1943).

[2] Haec omnia invenies transcripta e.g. apud R. P. Robinson, *The Germania of Tacitus* (Middletown, Connecticut, 1935), 2–9.

[3] Vide N. Rubinstein, *Italia Medioevale e Umanistica* 1 (1958), 398–9.

Hos arte inter se conexos esse ex hoc liquet, quod, ubi $E(e)$ veritatem praebet, hi in commune interdum errant (ut e.g. 3, 3 *senectutis*; 15, 4 om. *felicibus*; 27, 2 om. *se victos*). Vix pro certo habeas codicem B ex A non defluxisse; id certissimum, cum A tum B ex Aesinati pendere. Itaque vanus labor si quis lectiones recentiorum codicum adnotat ubi adest vetus ille noster; necnon consentientibus eA lectiones codicis B plerumque hic praetermissae sunt. Has ineptias si quis desiderat, congessit e.g. E. Koestermann.

In veteri parte codicis Aesinatis multa mutavit eiusdem aetatis corrector (E^2), multas idem varias lectiones vel in margine vel supra lineam addidit (E^{2m}, E^2 *s.l.*). Unde corrector hic Carolinus hauserit, ignotum; sed nemo sibi persuadebit ipsum has lectiones excogitasse: miscet enim meros errores (16, 2 *dubius*; 25, 1 *mixto*) cum egregia veritate (e.g. 19, 4 *exactionem*). Quales varias lectiones praebent codices recentiores *Germaniae* et *Dialogi* (praecipueque B, W): unde conicias etiam hos aut ex Aesinati aut ex gemello quodam eius pendere.

Nam quantum ad *Germaniam* et *Dialogum* pertinet, triplici[1] via ascendimus ad archetypum unum, cui defuerunt aliquot paginae (*Dial.* 35, 5).

(*a*) Hyparchetypum ζ sic construitur:

> *Germ.* ex Vindobonensi s.n. 2960 (*W*: 'Hugo haemste scripsit Rome Anno salutis 1466') et Monacensi 5307 (hoc deteriore, ut qui variis lectionibus omnino careat erroribusque ineptissimis abundet: *m*).
>
> *Dial.* ex eodem Vindobonensi (*V*) et Vaticano Ottoboniano latino 1455 (*E*).

(*b*) Hyparchetypum β in *Dial.* repraesentat unus codex, Vaticanus latinus 1862 (cuius scriba adnotat: 'Ego tantum repperi et meliusculum feci'). Quantum ad *Germaniam*, habemus et hunc et classem quandam codicum in qua praestat pars recentior Aesinatis (*E*). In utroque libello paene omnibus editoribus placuit hyparchetypum

---

[1] Quartum de *Dialogo* 1, 1–5, 4 testem habemus Bruxellensem 9145 (*N*), ff. 220^v–221^r.

ex consensu codicum *B* et *b*, Leidensis illius noti, construere. Sed mihi quidem videor demonstrasse Leidensem nihil aliud esse nisi prolem Vaticani, hoc tantum pretiosam quod egregias lectiones virorum doctorum[1] ingenio debitas et in textu et post correctionem (*b*[2]) continet. Igitur in *Germania* unicos errores codicum *B* et *E*, in *Germania* et *Dialogo* Leidensis plerumque neglexi.

(*c*) Ad hyparchetypum *Γ* laboriosius venimus. In utroque opere adest Vaticanus latinus 1518, inepte scriptus nec variis lectionibus ditatus (*C*); in cuius auxilium vulgo arcessunt Neapolitanum IV C 21 (*c*). Auxiliatur quidem ille, sed vix satis. Nam, ut mihi videtur, si *C* frater (ut ita dicam) est Neapolitani (cui addatur gemellus eius, Vaticanus latinus 4498), minime frater germanus putandus est. Fons enim horum trium codicum communis, postquam *C* exscriptus est, ita inrepentibus ex hyparchetypo *ζ* lectionibus foedatus est ut proles eius subsequens testimonium minime idoneum reddat. Quid sequitur nisi hoc? unicas lectiones codicis *C* interim ex hyparchetypo defluxisse, dissentientibus *c* gemelloque eius.

At forte fortuna adsunt alii testes qui de hyparchetypo *Γ* adhibeantur: immo qui, dum veritatem plerisque locis contra *Cc* custodiunt, commune exemplar codicum *Cc* non hyparchetypum ipsum sed prolem quandam eius (*γ*) esse convincant. Hos testes nominemus:

> *Germ.* Hinc habemus Marcianum 4266 (*Q*: scriptus est Bononiae a. 1464), hinc Parisinum n.a. 1180 (*p*), veros gemellos, quorum consensum vocamus *Φ*. Ambo varias lectiones praebent, partim ab ipso archetypo (ut videtur) traditas, partim ab eo additas qui quosdam locos codicis *Φ* ex libro Aesinatis non dissimili correxit corrupitve.

> *Dial.* Eidem Marciano hic adsistit classis quaedam deteriorum (*ψ*): ex quibus quattuor elegi ut laudem, Neapolitanum IV B 4 bis (*S*: in quo coniecturas quasdam egregias inveni), Harleianum 2639, Urbinatem latinum 1194 (*U*) cum Vaticano latino 2964 (quorum uterque mutilus est), Baltimorensem Walters Gallery 466 (qui fidelissime omnium corruptelas

---

[1] In primis eius qui codicem, ut videtur, exaravit, Iovianum Pontanum dico (B. L. Ullman, *Italia Medioevale e Umanistica* 2 [1959], 309–35).

hyparchetypi conservat). Consensum $Q\psi$ (nonnumquam ψ?) vocamus ϕ, eundem sine dubio librum amissum ac Φ.

His adiuvantibus ad hyparchetypum tandem escendimus. In *Germania* consensus $C\Phi$, in *Dialogo* $C\phi$, merito vocandus est Γ. Lectiones eius codicis quem γ vocamus minoris momenti sunt; sed ideo asteriscos lectionibus aut Γ aut ζ adposui, prout consentiunt c gemellusque eius, ut iis qui c testem integrum putaverunt in quantum contaminatio illa processerit liqueat. Unicos errores codicum Cc et C et c plerumque neglexi. In *Germania* (fateor), quia Φ et ipse contaminatus est, nonnumquam Cc pro hyparchetypo stare possunt, dissentiente Φ. Sed si $\beta\Phi\zeta$ inter se consentiunt, quomodo Cc veritatem testabuntur nisi per liberam coniecturam? —id quod numquam deprehendi.

In utroque opere horum trium hyparchetyporum quidque per se valet. In *Dialogo* ζ (et in primis E) bonas lectiones praebet quae in $B\Gamma$ non inveniuntur; sed hae felicibus coniecturis virorum doctorum, ut puto, omnes debentur. In *Germania* plane erravit R. P. Robinson,[1] vir alioqui optime de nostris studiis meritus, qui sibi visus est probasse duas tantum classes esse, hinc (ut meis siglis utar) ζ, hinc $\beta\Gamma$. Nam hic quoque, sicubi ζ veritatem contra $\beta\Gamma$ praebet, ingenium potius scribae quam virtutem exemplaris prae se fert. Itaque, ut breviter rationem apparatus critici reddam, omnes lectiones harum *classium* adnoto, proprietates uniuscuiusque codicis (ceteris consentientibus) plerumque omitto.

Archetypum illud revocatum, sive Hersfeldense sive aliud, erroribus nullo modo caret. Ut emendationes in codicibus alioqui deterioribus indagem, in *Dialogo* omnes quos novi codices aut ipsos aut luce depictos inspexi, in *Germania* nonnullos neglexi, laboribus illis Robinsonianis confisus. Coniecturas virorum doctorum saeculum quodque peperit; honoris causa nomino Rhenanum, Acidalium, Lipsium. Ubi tales defecerunt, nos sine pudore deficimus. Frustra hic, lector benevole, novum quendam Cornelium quaeres;

---

[1] Op. cit., 91 seq. Idem codices quosdam deteriores (in primis Stutgardiensem) pluris aestimavit quam debuit.

quaere potius codices laboriose excussos, rectius (ut speramus) aestimatos.

De rebus orthographicis normam constantem sequimur. In *Agricola* ducem habemus plerumque fidelem, partem veterem dico Aesinatis. Nec si hic nos in *Germania* et *Dialogo* deserit, ideo desperandum est. Nam Vindobonensis mirabili constantia eas formas offert quas in Quintiliano edendo praetuli: et aliquas fortasse rectiores, e.g. *exsanguis, exsolvo*.[1]

Ut codices luce expressos emerem, pecuniam liberaliter subministravit Concilium Oxoniensi Literarum Humaniorum Facultati praefectum; et his collegis meis et iis bibliothecariis qui me in hac re adiuverunt maximas ago gratias. Vir doctissimus et de Cornelio Tacito optime meritus F. R. D. Goodyear editiones meas *Germaniae* et *Dialogi* humanissime perlegit purgavitque. Si quid ineptiarum etiamnunc latet, id meae imperitiae imputetur.

M. W.

Dabam Oxonii a. 1973

---

[1] De orthographia Aesinatis Vindobonensisque v. Robinson, op. cit., 235 seq. De Quintiliano v. quae disputavi *Bulletin of the Institute of Classical Studies* Supplement 25 (1970), 35–59.

DE VITA
IVLII AGRICOLAE

REC. R. M. OGILVIE

SIGLA

E   Aesinatis latini 8 vetus pars (sc. 13, 1 *munia*–40, 2 *missum*), saec. ix ineunt.

         E^2 corrector eiusdem aetatis

         E^{2m} variae lectiones a correctore E^2 in margine adscriptae

         E^2 *s.l.*   variae lectiones a correctore E^2 super lineam additae

e   codicis Aesinatis reliqua pars a St. Guarnierio rescripta, circa a. 1462–74

         e^m variae lectiones in margine a St. Guarnierio adscriptae

         e^c corrector nescioquis eiusdem aetatis

A   Vaticanus latinus 3429, saec. xv exeunt.

         A^m variae lectiones a prima manu in margine adscriptae

         A^c corrector nescioquis

B   Vaticanus latinus 4498, saec. xv exeunt.

codd. consensus codicum *eAB*

T   Toletanus 49.2, a. 1474 (testimonia codicis *T*, qui apographon est codicis Aesinatis, perraro sunt citata)

Horum editorum nomina per totum hoc volumen breviata invenies:

Put.   Franciscus Puteolanus

Rhen.   Beatus Rhenanus

Lips.   Iustus Lipsius

CORNELII TACITI

DE VITA IVLII AGRICOLAE

LIBER

CLARORVM virorum facta moresque posteris tradere, anti- **1**
quitus usitatum, ne nostris quidem temporibus quamquam
incuriosa suorum aetas omisit, quotiens magna aliqua ac
nobilis virtus vicit ac supergressa est vitium parvis magnis-
5 que civitatibus commune, ignorantiam recti et invidiam. sed **2**
apud priores ut agere digna memoratu pronum magisque in
aperto erat, ita celeberrimus quisque ingenio ad prodendam
virtutis memoriam sine gratia aut ambitione bonae tantum conscientiae pretio ducebatur. ac plerique suam ipsi **3**
10 vitam narrare fiduciam potius morum quam adrogantiam
arbitrati sunt, nec id Rutilio et Scauro citra fidem aut ob-
trectationi fuit: adeo virtutes iisdem temporibus optime aesti-
mantur, quibus facillime gignuntur. at nunc narraturo mihi **4**
vitam defuncti hominis venia opus fuit, quam non petissem
15 incusaturus: tam saeva et infesta virtutibus tempora.

Legimus, cum Aruleno Rustico Paetus Thrasea, Herennio **2**
Senecioni Priscus Helvidius laudati essent, capitale fuisse,
neque in ipsos modo auctores, sed in libros quoque eorum
saevitum, delegato triumviris ministerio ut monumenta
20 clarissimorum ingeniorum in comitio ac foro urerentur.
scilicet illo igne vocem populi Romani et libertatem senatus **2**
et conscientiam generis humani aboleri arbitrabantur,

Cornelii Taciti de vita Iulii Agricolae liber incipit *e*: Cornelii Taciti
de vita et moribus Iulii Agricolae *A*: Cai Cornelii Taciti de vita et
moribus Iulii Agricolae prohemium *B*   *Vide subscriptionem*
     15 *post* incusaturus *distinxit Wex: sine distinctione codd.*   17 Sene-
cioni *Rhen.*: Senetioni *codd.*

expulsis insuper sapientiae professoribus atque omni bona
arte in exilium acta, ne quid usquam honestum occurreret.
3 dedimus profecto grande patientiae documentum; et sicut
vetus aetas vidit quid ultimum in libertate esset, ita nos
quid in servitute, adempto per inquisitiones etiam loquendi 5
audiendique commercio. memoriam quoque ipsam cum
voce perdidissemus, si tam in nostra potestate esset oblivisci
quam tacere.

3   Nunc demum redit animus; et quamquam primo statim
beatissimi saeculi ortu Nerva Caesar res olim dissociabiles 10
miscuerit, principatum ac libertatem, augeatque cotidie
felicitatem temporum Nerva Traianus, nec spem modo ac
votum securitas publica, sed ipsius voti fiduciam ac robur
adsumpserit, natura tamen infirmitatis humanae tardiora
sunt remedia quam mala; et ut corpora nostra lente 15
augescunt, cito extinguuntur, sic ingenia studiaque oppres-
seris facilius quam revocaveris: subit quippe etiam ipsius
inertiae dulcedo, et invisa primo desidia postremo amatur.
2 quid, si per quindecim annos, grande mortalis aevi spatium,
multi fortuitis casibus, promptissimus quisque saevitia 20
principis interciderunt, pauci et, ut ⟨sic⟩ dixerim, non modo
aliorum sed etiam nostri superstites sumus, exemptis e
media vita tot annis, quibus iuvenes ad senectutem, senes
prope ad ipsos exactae aetatis terminos per silentium
3 venimus? non tamen pigebit vel incondita ac rudi voce 25
memoriam prioris servitutis ac testimonium praesentium
bonorum composuisse. hic interim liber honori Agricolae
soceri mei destinatus, professione pietatis aut laudatus erit
aut excusatus.

4   Gnaeus Iulius Agricola, vetere et inlustri Foroiuliensium 30
colonia ortus, utrumque avum procuratorem Caesarum

9 et *codd.*: sed *Halm* (set *Ed. Bip.*)   10 dissociabiles *A*: dis-
sotiabiles *e*: dissolubiles *B*   20 multi *Lips.*: multis *codd.*   21 ut
sic *Wölfflin*: uti *codd.*: ut ita *Urlichs* (*post Rhen. qui in notis etiam* et *delere
voluit*)   26 servitutis *e* (*Ursinus*): senectutis *AB*   30 CNeus
Tulius *e*

habuit, quae equestris nobilitas est. pater illi Iulius Grae-
cinus senatorii ordinis, studio eloquentiae sapientiaeque
notus, iisque ipsis virtutibus iram Gai Caesaris meritus:
namque Marcum Silanum accusare iussus et, quia abnuerat,
5 interfectus est. mater Iulia Procilla fuit, rarae castitatis. in 2
huius sinu indulgentiaque educatus per omnem honestarum
artium cultum pueritiam adulescentiamque transegit. arce-
bat eum ab inlecebris peccantium praeter ipsius bonam
integramque naturam quod statim parvulus sedem ac
10 magistram studiorum Massiliam habuit, locum Graeca
comitate et provinciali parsimonia mixtum ac bene compositum. memoria teneo solitum ipsum narrare se prima in 3
iuventa studium philosophiae acrius, ultra quam concessum
Romano ac senatori, hausisse, ni prudentia matris incensum
15 ac flagrantem animum coercuisset. scilicet sublime et
erectum ingenium pulchritudinem ac speciem magnae
excelsaeque gloriae vehementius quam caute adpetebat.
mox mitigavit ratio et aetas, retinuitque, quod est difficillimum, ex sapientia modum.
20   Prima castrorum rudimenta in Britannia Suetonio 5
Paulino, diligenti ac moderato duci, adprobavit, electus
quem contubernio aestimaret. nec Agricola licenter, more
iuvenum qui militiam in lasciviam vertunt, neque segniter
ad voluptates et commeatus titulum tribunatus et inscitiam
25 rettulit: sed noscere provinciam, nosci exercitui, discere
a peritis, sequi optimos, nihil adpetere in iactationem, nihil
ob formidinem recusare, simulque et anxius et intentus
agere. non sane alias exercitatior magisque in ambiguo 2
Britannia fuit: trucidati veterani, incensae coloniae, inter-
30 saepti exercitus; tum de salute, mox de victoria certavere.

1 illi *Wölfflin*: Iuli *eB*: Iulii *A*: om. *Lips.*   4 Silanum *Lips.*: Silla-
num *eA*: Sullanum *B*   13 acrius *codd.*: ac iuris *Pichena*   ultra
codd.: ultraque *Lips.*   14 senatore *C. Heraeus*: ac senatori *secl.*
Gudeman   17 cautius *Nipperdey*   28 exercitatior *e* (*addito* x,
de quo vide Till, Handschr. Untersuchungen, 17), *AB*: excitatior *Büchner*
29–30 intersepti *codd.*: intercepti *Put.*

5

3 quae cuncta etsi consiliis ductuque alterius agebantur, ac
summa rerum et recuperatae provinciae gloria in ducem
cessit, artem et usum et stimulos addidere iuveni, intravit-
que animum militaris gloriae cupido, ingrata temporibus
quibus sinistra erga eminentes interpretatio nec minus 5
periculum ex magna fama quam ex mala.

6   Hinc ad capessendos magistratus in urbem degressus
Domitiam Decidianam, splendidis natalibus ortam, sibi
iunxit; idque matrimonium ad maiora nitenti decus ac
robur fuit. vixeruntque mira concordia, per mutuam cari- 10
tatem et in vicem se anteponendo, nisi quod in bona uxore
2 tanto maior laus, quanto in mala plus culpae est. sors
quaesturae provinciam Asiam, proconsulem Salvium Titia-
num dedit, quorum neutro corruptus est, quamquam et provincia dives ac parata peccantibus, et proconsul in omnem 15
aviditatem pronus quantalibet facilitate redempturus esset
mutuam dissimulationem mali. auctus est ibi filia, in subsidium simul ac solacium; nam filium ante sublatum brevi
3 amisit. mox inter quaesturam ac tribunatum plebis atque
ipsum etiam tribunatus annum quiete et otio transiit, gnarus 20
sub Nerone temporum, quibus inertia pro sapientia fuit.
4 idem praeturae tenor et silentium; nec enim iurisdictio
obvenerat. ludos et inania honoris medio rationis atque
abundantiae duxit, uti longe a luxuria ita famae propior.
5 tum electus a Galba ad dona templorum recognoscenda 25
diligentissima conquisitione fecit ne cuius alterius sacri-
legium res publica quam Neronis sensisset.
7   Sequens annus gravi vulnere animum domumque eius
adflixit. nam classis Othoniana licenter vaga dum Intimilios
(Liguriae pars est) hostiliter populatur, matrem Agricolae 30

7 degressus eA: digressus AᶜB   17 auctus . . . filia eᵐAB:
nactus . . . filiam e   18 ac e: et AB   20 transiit B: transit
eA   22 tenor Rhen.: certior codd.: sortitione Wellesley qui et delevit
23 medio rationis eA: medio luxuriae B: modo rationis Put.: medio
moderationis Gudeman   26 fecit codd.: effecit N. Heinsius
29 Intimilios Richmond–Ogilvie: Intemelios Lips.: in templo codd.: Inti-
milium Mommsen

in praediis suis interfecit, praediaque ipsa et magnam
patrimonii partem diripuit, quae causa caedis fuerat. igitur 2
ad sollemnia pietatis profectus Agricola, nuntio adfectati
a Vespasiano imperii deprehensus ac statim in partes trans-
5 gressus est. initia principatus ac statum urbis Mucianus
regebat, iuvene admodum Domitiano et ex paterna fortuna
tantum licentiam usurpante. is missum ad dilectus agendos 3
Agricolam integreque ac strenue versatum vicesimae legioni
tarde ad sacramentum transgressae praeposuit, ubi decessor
10 seditiose agere narrabatur: quippe legatis quoque consulari-
bus nimia ac formidolosa erat, nec legatus praetorius ad
cohibendum potens, incertum suo an militum ingenio. ita
successor simul et ultor electus rarissima moderatione maluit
videri invenisse bonos quam fecisse.

15   Praeerat tunc Britanniae Vettius Bolanus, placidius quam 8
feroci provincia dignum est. temperavit Agricola vim suam
ardoremque compescuit, ne incresceret, peritus obsequi
eruditusque utilia honestis miscere. brevi deinde Britannia 2
consularem Petilium Cerialem accepit. habuerunt virtutes
20 spatium exemplorum, sed primo Cerialis labores modo et
discrimina, mox et gloriam communicabat: saepe parti exercitus in experimentum, aliquando maioribus copiis ex eventu
praefecit. nec Agricola umquam in suam famam gestis 3
exultavit; ad auctorem ac ducem ut minister fortunam
25 referebat. ita virtute in obsequendo, verecundia in prae-
dicando extra invidiam nec extra gloriam erat.

    Revertentem ab legatione legionis divus Vespasianus inter 9
patricios adscivit; ac deinde provinciae Aquitaniae praeposuit, splendidae inprimis dignitatis administratione ac spe
30 consulatus, cui destinarat. credunt plerique militaribus in- 2
geniis subtilitatem deesse, quia castrensis iurisdictio secura

---

3 affectati *AB*: affecti *e*: tati *e*[s.l.]   7 dilectus *Lips.*: delectus
codd.   9 ubi decessor *AB*: ubi cum decessor *e*: ubi . . . narrabatur
susp. Wex   12 potens *eAB*: potuit *e*[m]   15 Bolanus *B*: Volanus
eA   17 obsequi *e*[c]*e*[m]*AB*: obsequii *e, Ritter*   19–20 habuit virtutis
exemplar *e*[m]   25 in exsequendo *Voss.*

et obtusior ac plura manu agens calliditatem fori non exer-
ceat: Agricola naturali prudentia, quamvis inter togatos,
3 facile iusteque agebat. iam vero tempora curarum remissio-
numque divisa: ubi conventus ac iudicia poscerent, gravis
intentus, severus et saepius misericors: ubi officio satis 5
factum, nulla ultra potestatis persona; tristitiam et adrogantiam et avaritiam exuerat. nec illi, quod est rarissimum,
aut facilitas auctoritatem aut severitas amorem deminuit.
4 integritatem atque abstinentiam in tanto viro referre iniuria
virtutum fuerit. ne famam quidem, cui saepe etiam boni 10
indulgent, ostentanda virtute aut per artem quaesivit: procul
ab aemulatione adversus collegas, procul a contentione adversus procuratores, et vincere inglorium et atteri sordidum
5 arbitrabatur. minus triennium in ea legatione detentus ac
statim ad spem consulatus revocatus est, comitante opinione 15
Britanniam ei provinciam dari, nullis in hoc ipsius sermonibus, sed quia par videbatur. haud semper errat fama;
6 aliquando et eligit. consul egregiae tum spei filiam iuveni
mihi despondit ac post consulatum collocavit, et statim
Britanniae praepositus est, adiecto pontificatus sacerdotio. 20

10 Britanniae situm populosque multis scriptoribus memo-
ratos non in comparationem curae ingeniive referam, sed
quia tum primum perdomita est. ita quae priores nondum
comperta eloquentia percoluere rerum fide tradentur.
2 Britannia, insularum quas Romana notitia complectitur 25
maxima, spatio ac caelo in orientem Germaniae, in occidentem Hispaniae obtenditur, Gallis in meridiem etiam
inspicitur; septentrionalia eius, nullis contra terris, vasto

6 nulla . . . persona *Rhen.*: nullam . . . personam (m *alteram postea
expunxit*) *e*: nullam . . . personam *AB*   7 exuerat *codd.*: effugerat
E. Wolff: et avaritiam *secl. C. Heraeus*: tristitiam . . . exuerat *secl. Wex*
8 deminuit *e, Lips.*: diminuit *AB*   10 fuerit *AB*: fieret fuerit
(fieret *postea expunxit*) *e*   11 ostentanda *Rhen.*: ostentandam *codd.*
quaesiit *e*   16 ipsius *e*: suis *AB*   18 eligit *e* (*Rhen.*): elegit *AB*
consul egregiae *Put.*: consul∗ (*eras.*) graeciae *e*: consul grate *B*: consul
graeciae *A*: gratae *A*ᵐ   23 ita quae *AB*: itaque *e*   24 fide *eAB*:
fides *e*ᵐ   27 etiam *e* (*Put.*): et *AB*

atque aperto mari pulsantur. formam totius Britanniae 3
Livius veterum, Fabius Rusticus recentium eloquentissimi
auctores oblongae scutulae vel bipenni adsimulavere. et est
ea facies citra Caledoniam, unde et in universum fama: sed
5 transgressis inmensum et enorme spatium procurrentium
extremo iam litore terrarum velut in cuneum tenuatur.
hanc oram novissimi maris tunc primum Romana classis 4
circumvecta insulam esse Britanniam adfirmavit, ac simul
incognitas ad id tempus insulas, quas Orcadas vocant,
10 invenit domuitque. dispecta est et Thule, quia hactenus
iussum et hiems adpetebat. sed mare pigrum et grave 5
remigantibus perhibent ne ventis quidem perinde adtolli,
credo quod rariores terrae montesque, causa ac materia
tempestatum, et profunda moles continui maris tardius
15 impellitur. naturam Oceani atque aestus neque quaerere 6
huius operis est, ac multi rettulere: unum addiderim, nus-
quam latius dominari mare, multum fluminum huc atque
illuc ferre, nec litore tenus adcrescere aut resorberi, sed
influere penitus atque ambire, et iugis etiam ac montibus
20 inseri velut in suo.

Ceterum Britanniam qui mortales initio coluerint, indi- 11
genae an advecti, ut inter barbaros, parum compertum.
habitus corporum varii atque ex eo argumenta. namque 2
rutilae Caledoniam habitantium comae, magni artus Ger-
25 manicam originem adseverant; Silurum colorati vultus,
torti plerumque crines et posita contra Hispania Hiberos

3 oblongae scutulae *eA*: oblongae scupulae *B*: oblongae scapulae
Richmond–Ogilvie: oblongo scutulo *Lacey*   4–5 fama: sed transgressis
Peerlkamp (post Doederlein, Feilitzsch): fama est transgressis unde et
universis fama sed *e, sed verba* unde . . . sed *per lineam atramento dissimili
ductam seclusa (de quo vide Till, Handschr. Untersuchungen, 85)*, al(ia)s *super*
unde *scripto*: fama est transgressis sed *AB*: unde et universis fama *add.*
*A*ᵐ: fama est transgressa sed *Rhen.*   5 enorme *T, Rhen.*: inorme
eB: inorme *A*   9 Orcadas *AB*: orchadas *e*   12 perinde *Grotius*:
proinde *codd.*   17 dominari (dnari) *eA*ᵐ: damnari *AB*   26 Hispania *Muretus*: hispaniam *eAB*: hiberia *e*ᵐ   Hiberos *eA*: hiberas *A*ᶜ:
iberas *B*

veteres traiecisse easque sedes occupasse fidem faciunt;
proximi Gallis et similes sunt, seu durante originis vi, seu
procurrentibus in diversa terris positio caeli corporibus
3 habitum dedit. in universum tamen aestimanti Gallos
vicinam insulam occupasse credibile est. eorum sacra de- 5
prehendas ⟨ac⟩ superstitionum persuasionem; sermo haud
multum diversus, in deposcendis periculis eadem audacia
4 et, ubi advenere, in detrectandis eadem formido. plus
tamen ferociae Britanni praeferunt, ut quos nondum longa
pax emollierit. nam Gallos quoque in bellis floruisse 10
accepimus; mox segnitia cum otio intravit, amissa virtute
pariter ac libertate. quod Britannorum olim victis evenit:
ceteri manent quales Galli fuerunt.

12   In pedite robur; quaedam nationes et curru proeliantur.
honestior auriga, clientes propugnant. olim regibus pare- 15
bant, nunc per principes factionibus et studiis trahuntur.
2 nec aliud adversus validissimas gentes pro nobis utilius
quam quod in commune non consulunt. rarus duabus
tribusve civitatibus ad propulsandum commune periculum
3 conventus: ita singuli pugnant, universi vincuntur. caelum 20
crebris imbribus ac nebulis foedum; asperitas frigorum
abest. dierum spatia ultra nostri orbis mensuram; nox clara
et extrema Britanniae parte brevis, ut finem atque initium
4 lucis exiguo discrimine internoscas. quod si nubes non
officiant, aspici per noctem solis fulgorem, nec occidere 25
et exsurgere, sed transire adfirmant. scilicet extrema et
plana terrarum humili umbra non erigunt tenebras, infra-
5 que caelum et sidera nox cadit. solum praeter oleam
vitemque et cetera calidioribus terris oriri sueta patiens
frugum pecudumque fecundum: tarde mitescunt, cito 30

---

2 vi *Rhen.*: usu *codd.*   5 vicinam *eAB*: vacuam *e*ᵐ   6 ac *add.*
Glück, G. F. Schömann   persuasionem *Glück* (*qui et* persuasiones *proposuit*),
Ritter: persuasione *eAB*   10 in bellis *AB*: bellis *e*   16 trahuntur
codd.: distrahuntur *N. Heinsius*   19 tribusve *B*: tribusque *eA*
22 dierum *codd.*: aestate dierum *Peerlkamp*   30 pecudumque fecundum *Leuze, Lundström*: pecudumque *e*: fecundum *e*ᵐ*AB*; *cf. Ann. 4. 65, 1*

proveniunt; eademque utriusque rei causa, multus umor
terrarum caelique. fert Britannia aurum et argentum et alia 6
metalla, pretium victoriae. gignit et Oceanus margarita, sed
subfusca ac liventia. quidam artem abesse legentibus arbi-
5 trantur; nam in rubro mari viva ac spirantia saxis avelli,
in Britannia, prout expulsa sint, colligi: ego facilius crediderim naturam margaritis deesse quam nobis avaritiam.

Ipsi Britanni dilectum ac tributa et iniuncta imperii 13
munia impigre obeunt, si iniuriae absint: has aegre tole-
10 rant, iam domiti ut pareant, nondum ut serviant. igitur
primus omnium Romanorum divus Iulius cum exercitu
Britanniam ingressus, quamquam prospera pugna terruerit
incolas ac litore potitus sit, potest videri ostendisse posteris,
non tradidisse. mox bella civilia et in rem publicam versa 2
15 principum arma, ac longa oblivio Britanniae etiam in
pace: consilium id divus Augustus vocabat, Tiberius praeceptum. agitasse Gaium Caesarem de intranda Britannia
satis constat, ni velox ingenio mobili paenitentiae, et
ingentes adversus Germaniam conatus frustra fuissent.
20 divus Claudius auctor tanti operis, transvectis legionibus 3
auxiliisque et adsumpto in partem rerum Vespasiano,
quod initium venturae mox fortunae fuit: domitae gentes,
capti reges et monstratus fatis Vespasianus.

Consularium primus Aulus Plautius praepositus ac sub- 14
25 inde Ostorius Scapula, uterque bello egregius: redactaque
paulatim in formam provinciae proxima pars Britanniae,
addita insuper veteranorum colonia. quaedam civitates
Cogidumno regi donatae (is ad nostram usque memoriam
fidissimus mansit), vetere ac iam pridem recepta populi
30 Romani consuetudine, ut haberet instrumenta servitutis et

4 subfusa *e*^m   8 dilectum *e*^c: delectum *eAB*   9 munia
Ee (*sed expunxit e*): munera *AB*   *Hinc incipiunt vetera codicis E folia*
16–17 praeceptum *E*^{2m}: praecipue *E*   20 auctor tanti *Bezzenberger*:
auctoritate *E*: auctor iterati *Wex*: auctor *Put.*   22 domitae *Put.*:
domitiae *E*   gentes *E*²: gentis *E*   28 Togidumno *E*^{2m}
29–30 vetere . . . ut haberet *Rhen.*: ut vetere . . . haberet *E* (-sit ut ve-
in ras.)

2 reges. mox Didius Gallus parta a prioribus continuit, paucis
admodum castellis in ulteriora promotis, per quae fama aucti
officii quaereretur. Didium Veranius excepit, isque intra
3 annum extinctus est. Suetonius hinc Paulinus biennio
prosperas res habuit, subactis nationibus firmatisque prae- 5
sidiis; quorum fiducia Monam insulam ut vires rebellibus
ministrantem adgressus terga occasioni patefecit.

● 15   Namque absentia legati remoto metu Britanni agitare
inter se mala servitutis, conferre iniurias et interpretando
accendere: nihil profici patientia nisi ut graviora tamquam 10
2 ex facili tolerantibus imperentur. singulos sibi olim reges
fuisse, nunc binos imponi, e quibus legatus in sanguinem,
procurator in bona saeviret. aeque discordiam praeposito-
rum, aeque concordiam subiectis exitiosam. alterius manus
centuriones, alterius servos vim et contumelias miscere. 15
3 nihil iam cupiditati, nihil libidini exceptum. in proelio
fortiorem esse qui spoliet: nunc ab ignavis plerumque et
imbellibus eripi domos, abstrahi liberos, iniungi dilectus,
tamquam mori tantum pro patria nescientibus. quantulum
enim transisse militum, si et se Britanni numerent? sic 20
Germanias excussisse iugum: et flumine, non Oceano de-
4 fendi. sibi patriam coniuges parentes, illis avaritiam et
luxuriam causas belli esse. recessuros, ut divus Iulius
recessisset, modo virtutem maiorum suorum aemularentur.
neve proelii unius aut alterius eventu pavescerent: plus 25
impetus felicibus, maiorem constantiam penes miseros esse.
5 iam Britannorum etiam deos misereri, qui Romanum ducem
absentem, qui relegatum in alia insula exercitum detine-
rent; iam ipsos, quod difficillimum fuerit, deliberare. porro
in eius modi consiliis periculosius esse deprehendi quam 30
audere.

16   His atque talibus in vicem instincti, Boudicca generis

---

1 reges *Rhen.*: regis E   parta priore E^{2m} 12 e quibus E^2: et
quibus E   15 centuriones *Rhen.*: centurionis E   miscere E:
ciere E^{2m} 18 diripi *N. Heinsius*   20 et se E: sese E^2
32 Boudicca *Haase*: uo adicca E: bouid icta E^{2m}

regii femina duce (neque enim sexum in imperiis discernunt)
sumpsere universi bellum; ac sparsos per castella milites
consectati, expugnatis praesidiis ipsam coloniam invasere
ut sedem servitutis, nec ullum in barbaris ingeniis saevitiae
5 genus omisit ira et victoria. quod nisi Paulinus cognito 2
provinciae motu propere subvenisset, amissa Britannia
foret; quam unius proelii fortuna veteri patientiae restituit,
tenentibus arma plerisque, quos conscientia defectionis et
proprius ex legato timor agitabat, ne quamquam egregius
10 cetera adroganter in deditos et ut suae cuiusque iniuriae
ultor durius consuleret. missus igitur Petronius Turpilianus 3
tamquam exorabilior et delictis hostium novus eoque
paenitentiae mitior, compositis prioribus nihil ultra ausus
Trebellio Maximo provinciam tradidit. Trebellius segnior
15 et nullis castrorum experimentis, comitate quadam curandi
provinciam tenuit. didicere iam barbari quoque ignoscere
vitiis blandientibus, et interventus civilium armorum praebuit iustam segnitiae excusationem: sed discordia labora-
tum, cum adsuetus expeditionibus miles otio lasciviret.
20 Trebellius, fuga ac latebris vitata exercitus ira, indecorus 4
atque humilis, precario mox praefuit, ac velut pacta
exercitus licentia, ducis salute, [et] seditio sine sanguine
stetit. nec Vettius Bolanus, manentibus adhuc civilibus 5
bellis, agitavit Britanniam disciplina: eadem inertia erga
25 hostes, similis petulantia castrorum, nisi quod innocens
Bolanus et nullis delictis invisus caritatem paraverat loco
auctoritatis.

Sed ubi cum cetero orbe Vespasianus et Britanniam 17
recuperavit, magni duces, egregii exercitus, minuta hostium

8 tenentibus *E*: tenentibus tamen *Ritter*   9 ne quamquam
Anon. ap. Walch: nequaquam *E*: nequam *E²ᵐ*   10 cuiusque *Wex*:
eiusque *E*: quisque *Nipperdey*   11 durius *E*: dubius *E²ᵐ*   12 novus
eoque (eo *s.l.*) *E²*: novusque *E*   19 lasciviret *E²*: lascivi sed *E*
21 praefuit *E²*: praebuit *E*   21–2 pacta (*Nipperdey*: facta *E*) exercitus
licentia ducis salute *E*: pacti exercitus licentiam dux salutem *E²ᵐ*
22 et *secl. John*   23 Bolanus *B*: volanus *E*   29 minuta *E²*:
minutae *E*

spes. et terrorem statim intulit Petilius Cerialis, Brigantum
civitatem, quae numerosissima provinciae totius perhibetur,
adgressus. multa proelia, et aliquando non incruenta;
magnamque Brigantum partem aut victoria amplexus est

2 aut bello. et Cerialis quidem alterius successoris curam 5
famamque obruisset: subiit sustinuitque molem Iulius
Frontinus, vir magnus quantum licebat, validamque et
pugnacem Silurum gentem armis subegit, super virtutem
hostium locorum quoque difficultates eluctatus.

18 Hunc Britanniae statum, has bellorum vices media iam 10
aestate transgressus Agricola invenit, cum et milites velut
omissa expeditione ad securitatem et hostes ad occasionem
verterentur. Ordovicum civitas haud multo ante adventum
eius alam in finibus suis agentem prope universam ob-

2 triverat, eoque initio erecta provincia. et quibus bellum 15
volentibus erat, probare exemplum ac recentis legati animum opperiri, cum Agricola, quamquam transvecta aestas,
sparsi per provinciam numeri, praesumpta apud militem
illius anni quies tarda et contraria bellum incohaturo, et
plerisque custodiri suspecta potius videbatur, ire obviam 20
discrimini statuit, contractisque legionum vexillis et modica
auxiliorum manu, quia in aequum degredi Ordovices non
audebant, ipse ante agmen, quo ceteris par animus simili

3 periculo esset, erexit aciem. caesaque prope universa gente,
non ignarus instandum famae ac, prout prima cessissent, 25
terrorem ceteris fore, Monam insulam, cuius possessione
revocatum Paulinum rebellione totius Britanniae supra

4 memoravi, redigere in potestatem animo intendit. sed, ut
in subitis consiliis, naves deerant: ratio et constantia ducis
transvexit. depositis omnibus sarcinis lectissimos auxili- 30
arium, quibus nota vada et patrius nandi usus quo simul

---

1 Brigantum *Put.*: Bregantum *E*   4 Brigantum *Put.*: Bregantum *E*   6 subiit *E²* *s.l.*: *om. E*   8 gentem armis *E²*: armis
gentem *E*   11 aestate *E²*: atate *E*   13 verterentur *B*: uteren-
tur *E*   haut *E²*: aut *E*   23 animus *E²*: animo *E*   26 cuius
E²: cumius *E*: a cuius *Ed. Bip.*   30 transvexit *E*: tranvexit *E²*

seque et arma et equos regunt, ita repente inmisit, ut
obstupefacti hostes, qui classem, qui naves, qui mare
expectabant, nihil arduum aut invictum crediderint sic ad
bellum venientibus. ita petita pace ac dedita insula clarus 5
5 ac magnus haberi Agricola, quippe cui ingredienti provinciam, quod tempus alii per ostentationem et officiorum-
ambitum transigunt, labor et periculum placuisset. nec 6
Agricola prosperitate rerum in vanitatem usus expeditionem
aut victoriam vocabat victos continuisse; ne laureatis
10 quidem gesta prosecutus est, sed ipsa dissimulatione famae
famam auxit, aestimantibus quanta futuri spe tam magna
tacuisset.
　　Ceterum animorum provinciae prudens, simulque doctus 19
per aliena experimenta parum profici armis, si iniuriae
15 sequerentur, causas bellorum statuit excidere. a se suisque 2
orsus primum domum suam coercuit, quod plerisque haud
minus arduum est quam provinciam regere. nihil per
libertos servosque publicae rei, non studiis privatis nec
ex commendatione aut precibus centurionem militesve
20 adscire, sed optimum quemque fidissimum putare. omnia 3
scire, non omnia exsequi. parvis peccatis veniam, magnis
severitatem commodare; nec poena semper, sed saepius
paenitentia contentus esse; officiis et administrationibus
potius non peccaturos praeponere, quam damnare cum
25 peccassent. frumenti et tributorum exactionem aequalitate 4
munerum mollire, circumcisis quae in quaestum reperta ipso
tributo gravius tolerabantur. namque per ludibrium adsidere clausis horreis et emere ultro frumenta ac luere pretio
cogebantur. divortia itinerum et longinquitas regionum
30 indicebatur, ut civitates proximis hibernis in remota et avia

---

8 prosperitate E^2: speritate E　　9 continuisse ne E^2: continuit
sine E　　16 primum B: primam E　　18 privatis E: privatus
E^{2m}　　19–20 militesve ascire Wex: milites scire E: Ne add. E^2 s.l.
25 exactionem E^{2m}: auctionem E　　aequalitate E^2: mae qualitate E
27–8 adsidere E^2: adsedere E　　28 luere E: ludere AB: recludere
Hutter

deferrent, donec quod omnibus in promptu erat paucis
lucrosum fieret.

20   Haec primo statim anno comprimendo egregiam famam
paci circumdedit, quae vel incuria vel intolerantia priorum
2 haud minus quam bellum timebatur. sed ubi aestas ad- 5
venit, contracto exercitu multus in agmine, laudare modestiam, disiectos coercere; loca castris ipse capere, aestuaria
ac silvas ipse praetemptare; et nihil interim apud hostes
quietum pati, quo minus subitis excursibus popularetur;
atque ubi satis terruerat, parcendo rursus invitamenta pacis 10
3 ostentare. quibus rebus multae civitates, quae in illum
diem ex aequo egerant, datis obsidibus iram posuere et
praesidiis castellisque circumdatae, tanta ratione curaque,
ut nulla ante Britanniae nova pars inlacessita transierit.

21   Sequens hiems saluberrimis consiliis absumpta. namque 15
ut homines dispersi ac rudes eoque in bella faciles quieti et
otio per voluptates adsuescerent, hortari privatim, adiuvare
publice, ut templa fora domos extruerent, laudando prom-
ptos, castigando segnes: ita honoris aemulatio pro neces-
2 sitate erat. iam vero principum filios liberalibus artibus 20
erudire, et ingenia Britannorum studiis Gallorum anteferre,
ut qui modo linguam Romanam abnuebant, eloquentiam
concupiscerent. inde etiam habitus nostri honor et frequens
toga; paulatimque discessum ad delenimenta vitiorum,
porticus et balineas et conviviorum elegantiam. idque apud 25
imperitos humanitas vocabatur, cum pars servitutis esset.

22   Tertius expeditionum annus novas gentes aperuit, vasta-
tis usque ad Taum (aestuario nomen est) nationibus. qua
formidine territi hostes quamquam conflictatum saevis

---

4 incuria E^2: sine curia E 10 invitamenta *Acidalius*: irritamenta
E^2: inritamenta E 13 circumdatae tanta E: circumdatae et
tanta E^2: circumdatae sunt, tanta *Dronke*   14 *ante* inlacessita *add.*
pariter *Fröhlich*, perinde *Ritter*, sic *Ernesti*   15 absumpta *Rhen.*: adsumpta E 16 bella *Bosius*: bello E: bellum *Rhen.*   16–17 et
otio E^2: inotio E 19 honoris aemulatio E^2: honor et aemulatio E
24 discessum E: descensum *Pichena*   25 balineas *Ritter*: balinea E:
balnea E^{2m} 28 Taum E^{2m}: Tanaum E

tempestatibus exercitum lacessere non ausi: ponendisque
insuper castellis spatium fuit. adnotabant periti non alium 2
ducem opportunitates locorum sapientius legisse. nullum ab
Agricola positum castellum aut vi hostium expugnatum aut
5 pactione ac fuga desertum. crebrae eruptiones; nam adversus
moras obsidionis annuis copiis firmabantur. ita intrepida 3
ibi hiems et sibi quisque praesidio, inritis hostibus eoque
desperantibus, quia soliti plerumque damna aestatis hibernis
eventibus pensare tum aestate atque hieme iuxta pellebantur.
10 nec Agricola umquam per alios gesta avidus intercepit: 4
seu centurio seu praefectus incorruptum facti testem habe-
bat. apud quosdam acerbior in conviciis narrabatur; ut
erat comis bonis, ita adversus malos iniucundus. ceterum
ex iracundia nihil supererat secretum, ut silentium eius non
15 timeres: honestius putabat offendere quam odisse.

Quarta aestas obtinendis quae percucurrerat insumpta; 23
ac si virtus exercitus et Romani nominis gloria pateretur,
inventus in ipsa Britannia terminus. namque Clota et
Bodotria, diversi maris aestibus per inmensum revectae,
20 angusto terrarum spatio dirimuntur: quod tum praesidiis
firmabatur atque omnis propior sinus tenebatur, summotis
velut in aliam insulam hostibus.

Quinto expeditionum anno nave prima transgressus igno- 24
tas ad id tempus gentes crebris simul ac prosperis proeliis
25 domuit; eamque partem Britanniae quae Hiberniam aspicit
copiis instruxit, in spem magis quam ob formidinem, si
quidem Hibernia medio inter Britanniam atque Hispaniam
sita et Gallico quoque mari opportuna valentissimam imperii
partem magnis in vicem usibus miscuerit. spatium eius, si 2

1 ausi E^2: auxi E 2 castellis E: telis E^{2m} 3 ab E^{2m}:
om. E 5 ac E: aut E^{2m} crebrae eruptiones *post* ita *transposuit*
Perret, post hiems *Halm*   12 conviciis E^{2m}: convitiis E 12–13 ut
erat E: et ut erat *Peerlkamp*   14 supererat E^2: erat E ut E: ac
Wölfflin   16 percucurrerat E: percurrerat B; *cf. 37, 1*   17 exercitus E: exercituum E^2 21 propior A: proprior E 23 *aliquid*
excidisse suspicantur edd.: Anavam *suppl. Richmond*: Itunam (*pro* nave
prima) *P. E. Postgate*   28 valentissimam E: volentissimam E^{2m}

Britanniae comparetur, angustius nostri maris insulas superat. solum caelumque et ingenia cultusque hominum haud
multum a Britannia differunt; [in] melius aditus portusque
3 per commercia et negotiatores cogniti. Agricola expulsum
seditione domestica unum ex regulis gentis exceperat ac 5
specie amicitiae in occasionem retinebat. saepe ex eo audivi
legione una et modicis auxiliis debellari obtinerique Hiberniam posse; idque etiam adversus Britanniam profuturum,
si Romana ubique arma et velut e conspectu libertas
tolleretur.   10

25 Ceterum aestate, qua sextum officii annum inchoabat,
amplexus civitates trans Bodotriam sitas, quia motus uni-
versarum ultra gentium et infesta hostili exercitu itinera
timebantur, portus classe exploravit; quae ab Agricola
primum adsumpta in partem virium sequebatur egregia 15
specie, cum simul terra, simul mari bellum impelleretur, ac
saepe iisdem castris pedes equesque et nauticus miles mixti
copiis et laetitia sua quisque facta, suos casus adtollerent, ac
modo silvarum ac montium profunda, modo tempestatum ac
fluctuum adversa, hinc terra et hostis, hinc victus Oceanus 20
2 militari iactantia compararentur. Britannos quoque, ut ex
captivis audiebatur, visa classis obstupefaciebat, tamquam
aperto maris sui secreto ultimum victis perfugium claude-
3 retur. ad manus et arma conversi Caledoniam incolentes
populi magno paratu, maiore fama, uti mos est de ignotis, 25
oppugnare ultro castella adorti, metum ut provocantes
addiderant; reggrediendumque citra Bodotriam et cedendum potius quam pellerentur ignavi specie prudentium

3 differunt *Rhen.*: differt *E*   in *secl. Rhen.*: in melius *secl.*
Wex   5 gentis *E*: gente *E²ᵐ*   12 Bodotriam *E²ᵐ*: uodotriam *E*
13 hostili exercitu *E²ᵐ*: hostilis exercitus *E*   14 exploravit *E²*: explo-
rabit *E*   15 virium *E*: vinum *E²ᵐ*   16 impelleretur *Rhen.*: impellitur *E*   17 mixti *E*: mixto *E²ᵐ*   18 adtollerent *E²*: adtollerant
E   19 silvarum ac montium *E²*: ac *om. E*   20 fluctuum *E²*:
fluctum *E*   24 incolentes *E²*: incolentis *E*   26 oppugnare
E²: oppugnase *E*   castella *E²ᵐ*: castellum *E*   27 Bodotriam *E²*:
Bodotria *E*   27–8 et (cedendum) *E²ᵐ*: excedendum *E*

admonebant, cum interim cognoscit hostis pluribus agminibus inrupturos. ac ne superante numero et peritia 4
locorum circumiretur, diviso et ipse in tres partes exercitu
incessit.

5   Quod ubi cognitum hosti, mutato repente consilio universi 26
nonam legionem ut maxime invalidam nocte adgressi, inter
somnum ac trepidationem caesis vigilibus inrupere. iamque
in ipsis castris pugnabatur, cum Agricola iter hostium ab
exploratoribus edoctus et vestigiis insecutus, velocissimos
10 equitum peditumque adsultare tergis pugnantium iubet,
mox ab universis adici clamorem; et propinqua luce fulsere
signa. ita ancipiti malo territi Britanni; et nonanis rediit 2
animus, ac securi pro salute de gloria certabant. ultro
quin etiam erupere, et fuit atrox in ipsis portarum angustiis
15 proelium, donec pulsi hostes, utroque exercitu certante,
his, ut tulisse opem, illis, ne eguisse auxilio viderentur.
quod nisi paludes et silvae fugientes texissent, debellatum
illa victoria foret.

   Cuius conscientia ac fama ferox exercitus nihil virtuti 27
20 suae invium et penetrandam Caledoniam inveniendumque
tandem Britanniae terminum continuo proeliorum cursu
fremebant. atque illi, modo cauti ac sapientes prompti
post eventum ac magniloqui erant. iniquissima haec
bellorum condicio est: prospera omnes sibi vindicant,
25 adversa uni imputantur. at Britanni non virtute se victos, 2
sed occasione et arte ducis rati, nihil ex adrogantia re-
mittere, quo minus iuventutem armarent, coniuges ac liberos
in loca tuta transferrent, coetibus et sacrificiis conspira-
tionem civitatum sancirent. atque ita inritatis utrimque
30 animis discessum.

   Eadem aestate cohors Usiporum per Germanias conscripta 28

   5 cognitum E^2: incognitum E 10 peditumque E^2: peditum
E 12 nonanis E: Romanis *Guarnieri*   rediit *Wex*: redit E
14 portarum angustiis E^2: partarum angustis E 15 hostes
E^{2m}: hostis E 19 conscientia E^2: conscientiae E 21 proeliorum *Rhen.*: proelium E 28 loca tuta E^2: locatura E

et in Britanniam transmissa magnum ac memorabile
facinus ausa est. occiso centurione ac militibus, qui ad
tradendam disciplinam inmixti manipulis exemplum et
rectores habebantur, tres liburnicas adactis per vim guber-
natoribus ascendere; et uno remigante, suspectis duobus 5
eoque interfectis, nondum vulgato rumore ut miraculum
2 praevehebantur. mox ubi aquam atque utensilia raptum
exissent, cum plerisque Britannorum sua defensantium
proelio congressi ac saepe victores, aliquando pulsi, eo ad
extremum inopiae venere, ut infirmissimos suorum, mox 10
3 sorte ductos vescerentur. atque ita circumvecti Britanniam,
amissis per inscitiam regendi navibus, pro praedonibus
habiti, primum a Suebis, mox a Frisiis intercepti sunt. ac
fuere quos per commercia venumdatos et in nostram usque
ripam mutatione ementium adductos indicium tanti casus 15
inlustravit.

29 Initio aestatis Agricola domestico vulnere ictus anno
ante natum filium amisit. quem casum neque ut plerique
fortium virorum ambitiose neque per lamenta rursus ac
maerorem muliebriter tulit; et in luctu bellum inter remedia 20
2 erat. igitur praemissa classe, quae pluribus locis praedata
magnum et incertum terrorem faceret, expedito exercitu,
cui ex Britannis fortissimos et longa pace exploratos addi-
derat, ad montem Graupium pervenit, quem iam hostis
3 insederat. nam Britanni nihil fracti pugnae prioris eventu 25
et ultionem aut servitium expectantes, tandemque docti
commune periculum concordia propulsandum, legationibus
4 et foederibus omnium civitatium vires exciverant. iamque
super triginta milia armatorum aspiciebantur, et adhuc

1 Britanniam *AB* : Britannias *E²* : Brittanias *E*   3 inmixti *E* :
inmixtis *E²* : immixtis *E²ᵐ*   5 remigante *E* : remigrante *Put.*
7 praevehebantur *E* : praebebantur *E²ᵐ*   7–8 mox ubi (*W. Heraeus*)
aquam atque utensilia (*Selling*) raptum exissent (*Till*) cum : mox adquam
(adaquam *E²*) adq. utillaraptis secum *E*   17 *ante* initio *add.* septimae
Brotier : *post* initio *add.* insequentis *Koestermann*   20 in luctu *E* :
inlustrans *E²ᵐ* ; *cf. 28, 3*   21 praedata *E²* : praedatum *E*
24 Graupium *E* : Grampium *Put.*

adfluebat omnis iuventus et quibus cruda ac viridis senectus,
clari bello et sua quisque decora gestantes, cum inter plures
duces virtute et genere praestans nomine Calgacus apud
contractam multitudinem proelium poscentem in hunc
5 modum locutus fertur:

'Quotiens causas belli et necessitatem nostram intueor, 30
magnus mihi animus est hodiernum diem consensumque
vestrum initium libertatis toti Britanniae fore: nam et universi coistis et servitutis expertes, et nullae ultra terrae ac
10 ne mare quidem securum inminente nobis classe Romana.
ita proelium atque arma, quae fortibus honesta, eadem etiam
ignavis tutissima sunt. priores pugnae, quibus adversus 2
Romanos varia fortuna certatum est, spem ac subsidium
in nostris manibus habebant, quia nobilissimi totius Britan-
15 niae eoque in ipsis penetralibus siti nec ulla servientium
litora aspicientes, oculos quoque a contactu dominationis
inviolatos habebamus. nos terrarum ac libertatis extremos 3
recessus ipse ac sinus famae in hunc diem defendit: nunc
terminus Britanniae patet, atque omne ignotum pro magni-
20 fico est; sed nulla iam ultra gens, nihil nisi fluctus ac saxa,
et infestiores Romani, quorum superbiam frustra per obsequium ac modestiam effugias. raptores orbis, postquam 4
cuncta vastantibus defuere terrae, mare scrutantur: si
locuples hostis est, avari, si pauper, ambitiosi, quos non
25 Oriens, non Occidens satiaverit: soli omnium opes atque
inopiam pari adfectu concupiscunt. auferre trucidare rapere 5
falsis nominibus imperium atque ubi solitudinem faciunt
pacem appellant.

'Liberos cuique ac propinquos suos natura carissimos 31

---

1 adfluebat E^2 : adfluebant E viridis *Guarnieri* : viris E : virens E^{2m},
fort. recte   7–8 hodiernum diem consensumque vestrum E^2 : consensumque vestrum hodiernum diem E 9 coistis et E : *om. AB*
13 ac E : ad E^{2m} ; *cf. Hist. 3. 18, 2*   16 contactu E : conpactu E^{2m}
18 sinus famae E : sinus fama (*abl.*) *Rhen.* : sinus (*gen.*) fama (*nom.*)
Boxhorn : sinus a fama *Constans*   nunc E^2 *s.l.* : tum E 19 patet E^2
s.l. : paret E 19–20 atque ... sed *post* defendit *transposuit Brueys*
23 terrae mare E : terram et mare E^2

esse voluit: hi per dilectus alibi servituri auferuntur; coniuges sororesque etiam si hostilem libidinem effugerunt,
nomine amicorum atque hospitum polluuntur. bona fortu-
naeque in tributum, ager atque annus in frumentum, corpora ipsa ac manus silvis ac paludibus emuniendis inter 5
2 verbera et contumelias conteruntur. nata servituti mancipia
semel veneunt, atque ultro a dominis aluntur: Britannia
servitutem suam cotidie emit, cotidie pascit. ac sicut in
familia recentissimus quisque servorum etiam conservis ludi-
brio est, sic in hoc orbis terrarum vetere famulatu novi nos 10
et viles in excidium petimur; neque enim arva nobis aut
metalla aut portus sunt, quibus exercendis reservemur.
3 virtus porro ac ferocia subiectorum ingrata imperantibus;
et longinquitas ac secretum ipsum quo tutius, eo suspectius.
ita sublata spe veniae tandem sumite animum, tam quibus 15
4 salus quam quibus gloria carissima est. Brigantes femina
duce exurere coloniam, expugnare castra, ac nisi felicitas in
socordiam vertisset, exuere iugum potuere: nos integri et
indomiti et in libertatem non in paenitentiam laturi,
primo statim congressu ostendamus, quos sibi Caledonia 20
viros seposuerit.

32   'An eandem Romanis in bello virtutem quam in pace
lasciviam adesse creditis? nostris illi dissensionibus ac discordiis clari vitia hostium in gloriam exercitus sui vertunt;
quem contractum ex diversissimis gentibus ut secundae res 25
tenent, ita adversae dissolvent: nisi si Gallos et Germanos
et (pudet dictu) Britannorum plerosque, licet dominationi
alienae sanguinem commodent, diutius tamen hostes quam
2 servos, fide et adfectu teneri putatis. metus ac terror sunt
infirma vincla caritatis; quae ubi removeris, qui timere 30

---

1 dilectus E: delectus *Guarnieri*   6 conteruntur *Jacob*, *Fröhlich*:
conterunt E   16 Brigantes E: Trinobantes *Camden*   19 laturi
E: bellaturi *Koch*: arma laturi *Mohr*, *Wex*: nati *Muretus*: educati
Richmond–Ogilvie: in poenam certaturi *Wellesley*; *cf. Hist.* 2. 42, 2
27 dictu E²: dicto E   28 commodent *Put.*: commendent E
29 sunt *Beroaldus*: est E

deseruerunt, odisse incipient. omnia victoriae incitamenta pro
nobis sunt: nullae Romanos coniuges accendunt, nulli
parentes fugam exprobraturi sunt; aut nulla plerisque patria
aut alia est. paucos numero, trepidos ignorantia, caelum
5 ipsum ac mare et silvas, ignota omnia circumspectantes,
clausos quodam modo ac vinctos di vobis tradiderunt. ne 3
terreat vanus aspectus et auri fulgor atque argenti, quod
neque tegit neque vulnerat. in ipsa hostium acie invenie-
mus nostras manus: adgnoscent Britanni suam causam,
10 recordabuntur Galli priorem libertatem, tam deserent illos
ceteri Germani quam nuper Usipi reliquerunt. nec quicquam ultra formidinis: vacua castella, senum coloniae,
inter male parentes et iniuste imperantes aegra municipia
et discordantia. hic dux, hic exercitus: ibi tributa et metalla 4
15 et ceterae servientium poenae, quas in aeternum perferre
aut statim ulcisci in hoc campo est. proinde ituri in aciem
et maiores vestros et posteros cogitate.'

Excepere orationem alacres, ut barbaris moris, fremitu 33
cantuque et clamoribus dissonis. iamque agmina et armorum
20 fulgores audentissimi cuiusque procursu; simul instruebatur acies, cum Agricola quamquam laetum et vix mu-
nimentis coercitum militem accendendum adhuc ratus,
ita disseruit: 'septimus annus est, commilitones, ex quo 2
virtute et auspiciis imperii Romani, fide atque opera nostra
25 Britanniam vicistis. tot expeditionibus, tot proeliis, seu
fortitudine adversus hostes seu patientia ac labore paene
adversus ipsam rerum naturam opus fuit, neque me militum
neque vos ducis paenituit. ergo egressi, ego veterum lega- 3
torum, vos priorum exercituum terminos, finem Britanniae
30 non fama nec rumore sed castris et armis tenemus: inventa

---

3 exprobraturi A^c: exprobaturi E 4 trepidos E: add. circum
E^{2m} (sc. circum trepidos)   10–11 itam (tam E^c) deserent . . . quam E:
deserent . . . tamquam E^{2m} 11–12 necquicquam E^2: nequicquam E
13 aegra municipia E: taetra mancipia E^{2m} 20 procursu E^2:
procursus E 20–1 instruebatur E: instituebatur E^{2m} 21–2 mu-
nimentis E^{2m}: monitis E 23 septimus *Acidalius*: octavus E
24 nostra E: vestra *Put.*   29 exercituum E^2: exercitum E

4 Britannia et subacta. equidem saepe in agmine, cum vos
paludes montesve et flumina fatigarent, fortissimi cuiusque
voces audiebam: "quando dabitur hostis? quando †animus?".
veniunt, e latebris suis extrusi, et vota virtusque in aperto,
omniaque prona victoribus atque eadem victis adversa. 5
5 nam ut superasse tantum itineris, evasisse silvas, transisse
aestuaria pulchrum ac decorum in frontem, ita fugientibus
periculosissima quae hodie prosperrima sunt; neque enim
nobis aut locorum eadem notitia aut commeatuum eadem
6 abundantia, sed manus et arma et in his omnia. quod ad 10
me attinet, iam pridem mihi decretum est neque exercitus
neque ducis terga tuta esse. proinde et honesta mors turpi
vita potior, et incolumitas ac decus eodem loco sita sunt;
nec inglorium fuerit in ipso terrarum ac naturae fine
cecidisse. 15

34 'Si novae gentes atque ignota acies constitisset, aliorum
exercituum exemplis vos hortarer: nunc vestra decora re-
censete, vestros oculos interrogate. hi sunt, quos proximo
anno unam legionem furto noctis adgressos clamore debel-
lastis; hi ceterorum Britannorum fugacissimi ideoque tam 20
2 diu superstites. quo modo silvas saltusque penetrantibus
fortissimum quodque animal contra ruere, pavida et inertia
ipso agminis sono pellebantur, sic acerrimi Britannorum
iam pridem ceciderunt, reliquus est numerus ignavorum
3 et timentium. quos quod tandem invenistis, non restiterunt, 25
sed deprehensi sunt; novissimae res et extremo metu torpor
defixere aciem in his vestigiis, in quibus pulchram et specta-
bilem victoriam ederetis. transigite cum expeditionibus,
imponite quinquaginta annis magnum diem, adprobate rei

2 montesve E: montesque Urlichs; cf. Löfstedt, Peregr. Aeth., p. 201
3 animus E: fort. pugnabimus, cf. Liv. 44. 36, 13: in manus venient
F. Walter (veniet Anderson): cominus veniet Anderson: acies Rhen.
5 omniaque E² : omnia quae E   7 ita Rhen.: item E   8 periculo-
sissima E² : riculosissima E   22 quodque Laetus: quoque E   ruere
E: ruebant E²ᵐ   24 reliquus E²: reliquis E   25 et timentium
Till: dementium E: et metuentium E²ᵐ   26 torpor Ritter: corpora
E   29 quinquaginta E: quadraginta W. Heraeus

publicae numquam exercitui imputari potuisse aut moras
belli aut causas rebellandi.'

Et adloquente adhuc Agricola militum ardor eminebat, 35
et finem orationis ingens alacritas consecuta est, statimque
5 ad arma discursum. instinctos ruentesque ita disposuit, ut 2
peditum auxilia, quae octo milium erant, mediam aciem fir-
marent, equitum tria milia cornibus adfunderentur. legiones
pro vallo stetere, ingens victoriae decus citra Romanum
sanguinem bellandi, et auxilium, si pellerentur. Britannorum 3
10 acies in speciem simul ac terrorem editioribus locis constite-
rat ita, ut primum agmen in aequo, ceteri per adclive iugum
conexi velut insurgerent; media campi covinnarius eques
strepitu ac discursu complebat. tum Agricola superante 4
hostium multitudine veritus ne in frontem simul et latera
15 suorum pugnaretur, diductis ordinibus, quamquam por-
rectior acies futura erat et arcessendas plerique legiones
admonebant, promptior in spem et firmus adversis, dimisso
equo pedes ante vexilla constitit.

Ac primo congressu eminus certabatur; simulque con- 36
20 stantia, simul arte Britanni ingentibus gladiis et brevibus
caetris missilia nostrorum vitare vel excutere, atque ipsi
magnam vim telorum superfundere, donec Agricola quattuor
Batavorum cohortes ac Tungrorum duas cohortatus est,
ut rem ad mucrones ac manus adducerent; quod et ipsis
25 vetustate militiae exercitatum et hostibus inhabile [parva
scuta et enormes gladios gerentibus]; nam Britannorum
gladii sine mucrone complexum armorum et in arto
pugnam non tolerabant. igitur ut Batavi miscere ictus, ferire 2

2 rebellandi *E*: bellandi *E*²ᵐ   11 agmen in aequo ceteri *Bekker*,
cf. 36, 2: agminae quoceteri *E*: quo steteri *E*²ᵐ   12 conexi *Put.*
(connexi): convexi *E*   covinnarius, *cf. 36, 3*: convinnarus *E*   eques
*E*²: eque *E*   14 in frontem simul et *Fröhlich*: simul in frontem simul
et *E*   16 arcessendas *E*, *cf. Hist. 3. 71, 2, Ann. 2. 50, 1*: accersendas
*E*²ᵐ, *cf. Hist. 1. 14, 1, Ann. 4. 29, 1, et al.*   23 Batavorum *E*²ᵐ:
uataevorum *E*   25 vetustate militiae *AB*: uetustatenniliae *E*   inhabile *E*²: inabitabile *E*: it *ex praeced*. mil(it)iae *inrepserat*   25–6 parva
. . . gerentibus *secl. Wex*   27 in arto *Fr. Medicis*: in aperto *E*

umbonibus, ora fodere, et stratis qui in aequo adstiterant, erigere in colles aciem coepere, ceterae cohortes aemulatione et impetu conisae proximos quosque caedere: ac plerique semineces aut integri festinatione victoriae relinquebantur. 3 interim equitum turmae—fugere ⟨enim⟩ covinnarii—pedi- 5 tum se proelio miscuere. et quamquam recentem terrorem intulerant, densis tamen hostium agminibus et inaequalibus locis haerebant; minimeque equestris ea pugnae facies erat, cum aegre in gradu stantes simul equorum corporibus impellerentur; ac saepe vagi currus, exterriti sine rectoribus 10 equi, ut quemque formido tulerat, transversos aut obvios incursabant.

37   Et Britanni, qui adhuc pugnae expertes summa collium insederant et paucitatem nostrorum vacui spernebant, degredi paulatim et circumire terga vincentium coeperant, ni 15 id ipsum veritus Agricola quattuor equitum alas, ad subita belli retentas, venientibus opposuisset, quantoque ferocius 2 adcucurrerant, tanto acrius pulsos in fugam disiecisset. ita consilium Britannorum in ipsos versum, transvectaeque praecepto ducis a fronte pugnantium alae aversam hostium 20 aciem invasere. tum vero patentibus locis grande et atrox spectaculum: sequi vulnerare capere, atque eosdem oblatis 3 aliis trucidare. iam hostium, prout cuique ingenium erat, catervae armatorum paucioribus terga praestare, quidam inermes ultro ruere ac se morti offerre. passim arma et 25 corpora et laceri artus et cruenta humus; et aliquando etiam 4 victis ira virtusque postquam silvis adpropinquaverunt. nam

---

1 fodere *Gesner*: foedare *E*   stratis *Ernesti*: tratis *E*: foede recti trates. vel traces *E²ᵐ*   5 enim *add. Wex*: ut *ante* fugere *add. Doederlein* 8 equestris ea pugnae facies *Rhen.*: equestris (*E²*: equestres *E*) ea (ei *E²ᵐ*) enim pugnae facies *E*: aequa nostris iam pugnae facies *Anquetil* 9 aegre in gradu stantes *Richmond–Ogilvie*: aegradiu aut stante *E*: aegre clivo instantes *Triller*: in gradu stantes *Lips.*   13 expertes *B*: expertis *E*   14 paucitatem *E²*: paucitate *E*   18 adcucurrerant *E*: adcurrerant *Put.*, *fort. recte; cf. ad 23, 1*   pulsos *E²*: pulso *E* 24 praestare *E*: praebere *E²ᵐ*   27 nam *ante* postquam *locavit Andresen*

primos sequentium incautos collecti et locorum gnari
circumveniebant. quod ni frequens ubique Agricola validas
et expeditas cohortes indaginis modo et, sicubi artiora erant,
partem equitum dimissis equis, simul rariores silvas equitem
5 persultare iussisset, acceptum aliquod vulnus per nimiam
fiduciam foret. ceterum ubi compositos firmis ordinibus 5
sequi rursus videre, in fugam versi, non agminibus, ut prius,
nec alius alium respectantes: rari et vitabundi in vicem
longinqua atque avia petiere. finis sequendi nox et satietas
10 fuit. caesa hostium ad decem milia: nostrorum trecenti 6
sexaginta cecidere, in quis Aulus Atticus praefectus cohortis,
iuvenili ardore et ferocia equi hostibus inlatus.

    Et nox quidem gaudio praedaque laeta victoribus: Bri-38
tanni palantes mixto virorum mulierumque ploratu trahere
15 vulneratos, vocare integros, deserere domos ac per iram
ultro incendere, eligere latebras et statim relinquere; miscere
in vicem consilia aliqua, dein separare; aliquando frangi
aspectu pignorum suorum, saepius concitari. satisque constabat saevisse quosdam in coniuges ac liberos, tamquam
20 misererentur. proximus dies faciem victoriae latius aperuit: 2
vastum ubique silentium, secreti colles, fumantia procul
tecta, nemo exploratoribus obvius. quibus in omnem partem
dimissis, ubi incerta fugae vestigia neque usquam con-
globari hostes compertum et exacta iam aestate spargi
25 bellum nequibat, in fines Borestorum exercitum deducit. ibi 3
acceptis obsidibus, praefecto classis circumvehi Britanniam
praecipit. datae ad id vires, et praecesserat terror. ipse
peditem atque equites lento itinere, quo novarum gentium
animi ipsa transitus mora terrerentur, in hibernis locavit.
30 et simul classis secunda tempestate ac fama Trucculensem 4

1 gnari *Dronke*: ignari *E*: ignaros *Put.*   4 equis simul *E*: qui
simulati *E*²ᵐ   4–5 equitem persultare *Rhen.*: equite persultari *E*
12 iuvenili *Guarnieri*: iuvenali *E*   17 aliqua *secl. Classen, Wölfflin*
21 ubique *E*²: ibique *E*   23 dimissis *E*²: demissis *E*   25 deducit
E: reducit *E*²ᵐ   30 trucculensem *E*: trutulensem *E*²ᵐ: Rutu-
p(i)ensem *Lips.*: Tunocelensem *Hind*

portum tenuit, unde proximo Britanniae latere praelecto omnis redierat.

39   Hunc rerum cursum, quamquam nulla verborum iactantia epistulis Agricolae auctum, ut erat Domitiano moris, fronte laetus, pectore anxius excepit. inerat conscientia de- 5 risui fuisse nuper falsum e Germania triumphum, emptis per commercia quorum habitus et crines in captivorum speciem formarentur: at nunc veram magnamque victoriam tot mili- **2** bus hostium caesis ingenti fama celebrari. id sibi maxime formidolosum, privati hominis nomen supra principem ad- 10 tolli: frustra studia fori et civilium artium decus in silentium acta, si militarem gloriam alius occuparet; cetera utcumque facilius dissimulari, ducis boni imperatoriam virtutem esse. **3** talibus curis exercitus, quodque saevae cogitationis indicium erat, secreto suo satiatus, optimum in praesens statuit re- 15 ponere odium, donec impetus famae et favor exercitus languesceret: nam etiam tum Agricola Britanniam obtinebat.

40   Igitur triumphalia ornamenta et inlustris statuae honorem et quidquid pro triumpho datur, multo verborum honore 20 cumulata, decerni in senatu iubet addique insuper opinionem, Syriam provinciam Agricolae destinari, vacuam tum **2** morte Atili Rufi consularis et maioribus reservatam. credidere plerique libertum ex secretioribus ministeriis missum ad Agricolam codicillos, quibus ei Syria dabatur, tulisse 25 cum eo praecepto ut, si in Britannia foret, traderentur; eumque libertum in ipso freto Oceani obvium Agricolae, ne appellato quidem eo ad Domitianum remeasse, sive verum

---

1 prelecto A^{cm}: prelecta E: lecto E^{2m} 2 omnis E: omni E^2
3 nulla E^2: ulla E 4 auctum *Lips.*: actum E Domitiano moris
E^{2m}: Domitianus E 5 excepit *Put.*: excipit E 7 quorum
E^2: quarum E crines *Put.*: crinis E 14 quodque E^2: quoque E saevae E^2: saevire E 15 praesens E^{2m}: praesentia E
21 addique E: additque *Muretus*   23 Atili E^2: Atilli E 24 *post*
missum *desinunt vetera codicis E folia; sed notae E^{2m} in marg. foll. 69 et 76,
quamvis erasae, interdum magna ex parte legi possunt*   26 eo e: *om.*
AB   Britannia *Put.*: Britanniam *codd.*: Britannia etiam *Halm*

istud, sive ex ingenio principis fictum ac compositum est.
tradiderat interim Agricola successori suo provinciam 3
quietam tutamque. ac ne notabilis celebritate et frequentia
occurrentium introitus esset, vitato amicorum officio noctu
5 in urbem, noctu in Palatium, ita ut praeceptum erat, venit;
exceptusque brevi osculo et nullo sermone turbae servientium inmixtus est. ceterum uti militare nomen, grave inter 4
otiosos, aliis virtutibus temperaret, tranquillitatem atque
otium penitus hausit, cultu modicus, sermone facilis, uno aut
10 altero amicorum comitatus, adeo ut plerique, quibus magnos
viros per ambitionem aestimare mos est, viso aspectoque
Agricola quaererent famam, pauci interpretarentur.

Crebro per eos dies apud Domitianum absens accusatus, **41**
absens absolutus est. causa periculi non crimen ullum aut
15 querela laesi cuiusquam, sed infensus virtutibus princeps et
gloria viri ac pessimum inimicorum genus, laudantes. et ea 2
insecuta sunt rei publicae tempora, quae sileri Agricolam
non sinerent: tot exercitus in Moesia Daciaque et Germania
et Pannonia temeritate aut per ignaviam ducum amissi, tot
20 militares viri cum tot cohortibus expugnati et capti; nec iam
de limite imperii et ripa, sed de hibernis legionum et possessione dubitatum. ita cum damna damnis continuarentur 3
atque omnis annus funeribus et cladibus insigniretur,
poscebatur ore vulgi dux Agricola, comparantibus cunctis
25 vigorem, constantiam et expertum bellis animum cum
inertia et formidine eorum. quibus sermonibus satis con- 4
stat Domitiani quoque aures verberatas, dum optimus
quisque libertorum amore et fide, pessimi malignitate et
livore pronum deterioribus principem extimulabant. sic
30 Agricola simul suis virtutibus, simul vitiis aliorum in ipsam
gloriam praeceps agebatur.

---

9 hausit *Wex* : auxit *codd.*   18 Moesia *e* : Misia *AB*   20 tot
*e*ᵐ*AB* : totis *e*   25–6 cum inertia et formidine *eAB* : inertiae et
formidini *E*²ᵐ*e*ᵐ   26 eorum *codd.* : aliorum *edd. Bipontini* : ceterorum
Grotius   29 extimulabant *e* : existimulabant *E*²ᵐ*e*²ᵐ

42 Aderat iam annus, quo proconsulatum Africae et Asiae
sortiretur, et occiso Civica nuper nec Agricolae consilium
deerat nec Domitiano exemplum. accessere quidam cogitationum principis periti, qui iturusne esset in provinciam
ultro Agricolam interrogarent. ac primo occultius quietem 5
et otium laudare, mox operam suam in adprobanda excu-
satione offerre, postremo non iam obscuri suadentes simul
2 terrentesque pertraxere ad Domitianum. qui paratus simu-
latione, in adrogantiam compositus, et audiit preces ex-
cusantis et, cum adnuisset, agi sibi gratias passus est, nec 10
erubuit beneficii invidia. salarium tamen proconsulare
solitum offerri et quibusdam a se ipso concessum Agricolae
non dedit, sive offensus non petitum, sive ex conscientia,
3 ne quod vetuerat videretur emisse. proprium humani
ingenii est odisse quem laeseris: Domitiani vero natura 15
praeceps in iram, et quo obscurior, eo irrevocabilior,
moderatione tamen prudentiaque Agricolae leniebatur, quia
non contumacia neque inani iactatione libertatis famam
4 fatumque provocabat. sciant, quibus moris est inlicita
mirari, posse etiam sub malis principibus magnos viros esse, 20
obsequiumque ac modestiam, si industria ac vigor adsint,
eo laudis excedere, quo plerique per abrupta sed in nullum
rei publicae usum ambitiosa morte inclaruerunt.

43 Finis vitae eius nobis luctuosus, amicis tristis, extraneis
etiam ignotisque non sine cura fuit. vulgus quoque et hic 25
aliud agens populus et ventitavere ad domum et per fora et
circulos locuti sunt; nec quisquam audita morte Agricolae
2 aut laetatus est aut statim oblitus. augebat miserationem
constans rumor veneno interceptum: nobis nihil comperti

---

7 iam *Rhen.*: tam *codd.*   obscuri *e*ᶜ*AB*: obscuris *e*   8–9 simula-
tione *eB*: simulationis *E*²ᵐ*A*   10 annuisset *AB*: amnuiset *e*
11 proconsulare *e*: proconsulari *e*ᶜ*AB*   15 laeseris *e*ᶜ*AB*: laeserit
e   22 excedere *codd.*: escendere *Lips.*   plerique qui *J. Müller*
22–3 nullum re p̄ (*sc.* rei publicae) *E*²ᵐ: ullum rei post *eAB*   enisi
post abrupta *add. Heumann, post* usum *Schömann, pro* sed *substituit C. Heraeus*
28 oblitus *Muretus*: oblitus est *codd.*: oblitus. et *Wex*

adfirmare ausim. ceterum per omnem valetudinem eius
crebrius quam ex more principatus per nuntios visentis et
libertorum primi et medicorum intimi venere, sive cura
illud sive inquisitio erat. supremo quidem die momenta 3
5 ipsa deficientis per dispositos cursores nuntiata constabat,
nullo credente sic adcelerari quae tristis audiret. speciem
tamen doloris animo vultuque prae se tulit, securus iam odii
et qui facilius dissimularet gaudium quam metum. satis con- 4
stabat lecto testamento Agricolae, quo coheredem optimae
10 uxori et piissimae filiae Domitianum scripsit, laetatum eum
velut honore iudicioque. tam caeca et corrupta mens adsi-
duis adulationibus erat, ut nesciret a bono patre non scribi
heredem nisi malum principem.

Natus erat Agricola Gaio Caesare tertium consule idibus 44
15 Iuniis: excessit quarto et quinquagesimo anno, decimum
kalendas Septembris Collega Priscinoque consulibus. quod 2
si habitum quoque eius posteri noscere velint, decentior
quam sublimior fuit; nihil impetus in vultu: gratia oris
supererat. bonum virum facile crederes, magnum libenter.
20 et ipse quidem, quamquam medio in spatio integrae aetatis 3
ereptus, quantum ad gloriam, longissimum aevum peregit.
quippe et vera bona, quae in virtutibus sita sunt, imple-
verat, et consulari ac triumphalibus ornamentis praedito
quid aliud adstruere fortuna poterat? opibus nimiis non 4
25 gaudebat, speciosae contigerant. filia atque uxore superstitibus potest videri etiam beatus incolumi dignitate,

1 *ante* adfirmare *add.* quod *Acidalius*, quodve (*vel* aut quod) *Ritter*,
nec *Ernesti*, ut *Wex*   2 visentis $E^{2m}e^cA$: visentes *e* : viseritis *B*
5 constabat *e* : constabant *AB*   7 animo vultuque *codd.*: habitu
vultuque *Ernesti*   8–9 constabat *eAB*: constat E^{2m} 14 tertium
Ursinus: ter *codd.*: iterum *Nipperdey*   15 quarto *Petavius*: sexto *codd.*
16 Priscino *Hirschfeld, cf. ILS 9059*: Prisco *codd.*   18 impetus *eA*:
metus $E^{2m}e^mA^m$: metus et impetus *B*   24–5 opibus . . . contigerant
post peregit (21) *transposuit Gudeman*   25 speciosae contigerant *Rhen.*:
spetiosae contigerant $E^{2m}e^m$: spetiose non contigerant *e* (non *del.*
Guarnieri) *AB*: *ita distinxit Rhen., post* superstitibus *AB*: *sine distinctione e*
uxore *eAB*: uxoris $E^{2m}e^m$

florente fama, salvis adfinitatibus et amicitiis futura ef-
5 fugisse. nam sicut ei ⟨non licuit⟩ durare in hanc beatissimi
saeculi lucem ac principem Traianum videre, quod augurio
votisque apud nostras aures ominabatur, ita festinatae mortis
grave solacium tulit evasisse postremum illud tempus, quo 5
Domitianus non iam per intervalla ac spiramenta temporum,
sed continuo et velut uno ictu rem publicam exhausit.

45   Non vidit Agricola obsessam curiam et clausum armis
senatum et eadem strage tot consularium caedes, tot nobilis-
simarum feminarum exilia et fugas. una adhuc victoria 10
Carus Mettius censebatur, et intra Albanam arcem sententia
Messalini strepebat, et Massa Baebius etiam tum reus erat:
mox nostrae duxere Helvidium in carcerem manus; nos
Maurici Rusticique visus ⟨adflixit,⟩ nos innocenti sanguine
2 Senecio perfudit. Nero tamen subtraxit oculos suos iussit- 15
que scelera, non spectavit: praecipua sub Domitiano mi-
seriarum pars erat videre et aspici, cum suspiria nostra
subscriberentur, cum denotandis tot hominum palloribus
sufficeret saevus ille vultus et rubor, quo se contra pudorem
muniebat. 20

3   Tu vero felix, Agricola, non vitae tantum claritate, sed
etiam opportunitate mortis. ut perhibent qui interfuere
novissimis sermonibus tuis, constans et libens fatum ex-
cepisti, tamquam pro virili portione innocentiam principi
4 donares. sed mihi filiaeque eius praeter acerbitatem parentis 25
erepti auget maestitiam, quod adsidere valetudini, fovere
5 deficientem, satiari vultu complexuque non contigit. excepissemus certe mandata vocesque, quas penitus animo

2 sicut ei non licuit *Dahl*: sicuti *codd.*: sicut iuvaret *Müller*
2–3 hanc ... lucem *Acidalius*: hac ... luce *codd.*   5 grave $e^m A^m$:
grande E^{2m} *eAB*   7 velut *eAB*: vel e^m exhausit *eAB*: hausit $E^{2m}e^m$
11 Mettius $E^{2m}e^m A^c$: Mitius *eAB*   arcem *eAB*: villam $E^{2m}e^m A^m$
12 etiam tum *e*: iam tum *A*: tum *B*   14 Maurici Rusticique visus
eAB: adflixit *suppl. R. Reitzenstein*, dehonestavit *Anderson, alii alia*:
Mauric(i)um Rusticumque divisimus $E^{2m}e^m A^m$ 19 quo *Lips.*:
a quo *codd.*   22 perhibent *Put.*: perhiberent *codd.*   interfuere
e: interfuerunt *AB*   27–8 excepissemus *Acidalius*: excepissem *codd.*

figeremus. noster hic dolor, nostrum vulnus, nobis tam longae
absentiae condicione ante quadriennium amissus est. omnia
sine dubio, optime parentum, adsidente amantissima uxore
superfuere honori tuo: paucioribus tamen lacrimis com-
5 positus es, et novissima in luce desideravere aliquid oculi tui.
    Si quis piorum manibus locus, si, ut sapientibus placet, 46
non cum corpore extinguuntur magnae animae, placide
quiescas, nosque domum tuam ab infirmo desiderio et
muliebribus lamentis ad contemplationem virtutum tuarum
10 voces, quas neque lugeri neque plangi fas est, admiratione 2
te potius et laudibus et, si natura suppeditet, similitudine
colamus: is verus honos, ea coniunctissimi cuiusque pietas.
id filiae quoque uxorique praeceperim, sic patris, sic mariti 3
memoriam venerari, ut omnia facta dictaque eius secum
15 revolvant, formamque ac figuram animi magis quam corporis
complectantur, non quia intercedendum putem imaginibus
quae marmore aut aere finguntur, sed, ut vultus hominum,
ita simulacra vultus imbecilla ac mortalia sunt, forma
mentis aeterna quam tenere et exprimere non per alienam
20 materiam et artem, sed tuis ipse moribus possis. quidquid 4
ex Agricola amavimus, quidquid mirati sumus, manet
mansurumque est in animis hominum in aeternitate temporum, fama rerum; nam multos veterum velut inglorios
et ignobiles oblivio obruet: Agricola posteritati narratus
25 et traditus superstes erit.

1 figeremus *EeAB*: pingeremus $E^{2m}e^mA^m$ tam $E^{2m}AB$, *Guarnieri*:
tum *eA*^{m} 2 est *codd.*: es *Rhen.*   4–5 compositus e^mA^m:
comploratus $E^{2m}eAB$ 8 nosque *codd.*: nosque et *Urlichs*   11 te
potius $E^{2m}AB$: te *om. e*: te *add. Guarnieri s.l.*   et^1 *Muretus*: temporalibus
et *Ee*: temporalibus *AB*: temporibus $E^{2m}e^m$: et immortalibus (*Lips.*)
Acidalius   similitudine *Grotius*: militum *EeA*: multum *B*: aemulatu
Heinsius   12 colamus *Muretus*: decoramus *codd.*: decoremus *Ursinus*
15 formamque *T*, *Muretus*: famamque *eAB*)   23 fama *codd.*: in
fama *Halm*   24 obruet *EeAB* (*et Decembrius*): obruit *Haupt*   Cornelii
Taciti de vita Iulii Agricolae liber explicit *E*: Cornelii Taciti de vita et
moribus Iulii Agricolae liber explicit *e*

DE ORIGINE ET SITV
GERMANORVM

REC. M. WINTERBOTTOM

SIGLA

β consensus codicum *BE*

   B   Vaticanus latinus 1862
      B^1 idem nondum correctus
      B^2 idem eadem manu correctus $\Big\}$ similiter C^2, p^2, Q^2

   E   Aesinas latinus 8

Γ consensus codicum *CΦ*

   C   Vaticanus latinus 1518

   Φ   consensus codicum *pQ*

      p   Parisinus n.a. 1180 (deficit 44, 3)
      Q   Marcianus 4266

ζ consensus codicum *Wm*

   W   Vindobonensis s.n. 2960
      W^2 corrector nescioquis

   m   Monacensis 5307

laudatur etiam *b*   Leidensis Perizonianus XVIII Q 21
                 b^2 corrector nescioquis

B^v, E^v, p^v, Q^v, W^v varia lectio eadem manu adscripta
B^t etc.   lectio textus ubi varia lectio adscripta est

Asteriscus significat lectioni auxiliari aut Neapolitanum IV C 21 (= *c*) aut Vaticanum latinum 4498 (aut utrumque codicem)

Omnes quos laudo codices saeculo quinto decimo scripti sunt

CORNELII TACITI

DE ORIGINE ET SITV GERMANORVM

LIBER

GERMANIA omnis a Gallis Raetisque et Pannoniis Rheno 1
et Danuvio fluminibus, a Sarmatis Dacisque mutuo metu
aut montibus separatur; cetera Oceanus ambit, latos sinus
et insularum inmensa spatia complectens, nuper cognitis
5 quibusdam gentibus ac regibus, quos bellum aperuit.
Rhenus, Raeticarum Alpium inaccesso ac praecipiti vertice 2
ortus, modico flexu in occidentem versus septentrionali
Oceano miscetur. Danuvius, molli et clementer edito montis
Abnobae iugo effusus, pluris populos adit donec in Ponti-
10 cum mare sex meatibus erumpat; septimum os paludibus
hauritur.

Ipsos Germanos indigenas crediderim minimeque aliarum 2
gentium adventibus et hospitiis mixtos, quia nec terra olim
sed classibus advehebantur qui mutare sedes quaerebant, et
15 inmensus ultra utque sic dixerim adversus Oceanus raris ab

CORNELII TACITI DE ORIGINE ET SITV GERMANORVM LIBER INCIPIT *B*:
INCIPIT EIVSDEM (sc. Cornelii Taciti) DE ORIGINE ET MORIBVS GERMANORVM
E: C. Cornelii Taciti de origine et situ germanorum *C**: Cornelius tacitus
de situ germaniae et moribus germanorum *p*: CORNELII TACITI LIBER
DE SITV ET ORIGINE GERMANORVM *Q*: CORNELII TACITI DE ORIGINE ET
SITV GERMANORVM LIBER INCIPIT FOELICISSIME *W*: Cornelii Taciti de
origine et Situ Germanorum *m*. *His confirmatur id quod de Hersfeldensi
codice nuntiavit Panormita*: 'Cor. Tacitus de origine et situ Germanorum'
('Cornelii taciti de origine et situ germanorum liber' *Nicolaus Nicolus*:
'Cornelii taciti liber . . . de Origine et situ Germanie' *Decembrius*)

1 Rhaetisque *Cellarius*: r(h)(a)etiisque *βΓ*ζ*   2 danuuio *C*:
da(n)nubio *βΦ*ζ* (*quae forma alibi praevalet*)   9 Abnobae *Rhen.*
(*tamquam ex codice*): arnob(a)e *βp^vQζ*: arbon(a)e *β^vC*p*   15 auersus
p corr. (*ut coni. Acidalius*)

orbe nostro navibus aditur. quis porro, praeter periculum
horridi et ignoti maris, Asia aut Africa aut Italia relicta
Germaniam peteret, informem terris, asperam caelo, tristem
cultu aspectuque nisi si patria sit?

2　　Celebrant carminibus antiquis, quod unum apud illos 5
memoriae et annalium genus est, Tuistonem deum terra
editum. ei filium Mannum, originem gentis conditoremque,
Manno tris filios adsignant, e quorum nominibus proximi
Oceano Ingaevones, medii Hermiones, ceteri Istaevones
vocentur. quidam, ut in licentia vetustatis, pluris deo ortos 10
pluresque gentis appellationes, Marsos Gambrivios Suebos
Vandilios, adfirmant, eaque vera et antiqua nomina;

3 ceterum Germaniae vocabulum recens et nuper additum,
quoniam qui primi Rhenum transgressi Gallos expulerint ac
nunc Tungri, tunc Germani vocati sint: ita nationis nomen, 15
non gentis, evaluisse paulatim, ut omnes primum a victore
ob metum, mox et a se ipsis invento nomine Germani
vocarentur.

3　　Fuisse apud eos et Herculem memorant, primumque
omnium virorum fortium ituri in proelia canunt. sunt illis 20
haec quoque carmina, quorum relatu, quem barritum
vocant, accendunt animos futuraeque pugnae fortunam
ipso cantu augurantur: terrent enim trepidantve prout
sonuit acies, nec tam voces illae quam virtutis concentus
videntur. adfectatur praecipue asperitas soni et fractum 25
murmur, obiectis ad os scutis quo plenior et gravior vox

---

6 est $\beta\zeta*$: sit Γ　　tuistonem ΓW^v : tristonem (tuisman B^v) B : tuisco-
nem E : bistonem $W*$: bisbonem m　　7 ei $\beta\zeta$: et $\Gamma*$　　conditoremque W corr. (*ut coni. Rhen.*) : -orisque $\beta\Phi*\zeta$: -oris $C*$　　9 Ingvaeones
Müllenhoff　　hermiones $\beta C*Q$: herminones $p*\zeta$, *fort. recte*　　Istvaeones
Müllenhoff　　11 sueuos $\beta C*\zeta$ (*et sic semper*) : suenos Φ　　12 uanda-
lios Φ　　13–18 *locus conclamatus*　　14 *lacunam post* expulerint
suspicatus est Robinson　　15–16 nomen ⟨in⟩ nomen gentis *Acidalius*
16 victo *Leibnitz* : victis *Cluverius*　　17 et $C*Q^1\zeta$: etiam B : *om.* EpQ^2*
19 et apud eos W, *ut voluit Gudeman*　　20 ⟨nam⟩ sunt *Baehrens*
21 barritum *nescioquis saec. xvii ineuntis* : barditum $\beta C*p^vQ\zeta$: baritum
E^vp*W^v　　24–5 vocis ille . . . videtur *Rhen., eleganter*

repercussu intumescat. ceterum et Ulixem quidam opinantur 2
longo illo et fabuloso errore in hunc Oceanum delatum adisse
Germaniae terras, Asciburgiumque, quod in ripa Rheni
situm hodieque incolitur, ab illo constitutum nominatumque
5 [ΑΣΚΙΠΥΡΓΙΟΝ]; aram quin etiam Ulixi consecratam,
adiecto Laertae patris nomine, eodem loco olim repertam,
monumentaque et tumulos quosdam Graecis litteris in-
scriptos in confinio Germaniae Raetiaeque adhuc extare.
quae neque confirmare argumentis neque refellere in animo 3
10 est: ex ingenio suo quisque demat vel addat fidem.

Ipse eorum opinionibus accedo qui Germaniae populos 4
nullis aliis aliarum nationum conubiis infectos propriam et
sinceram et tantum sui similem gentem extitisse arbitrantur.
unde habitus quoque corporum, tamquam in tanto hominum
15 numero, idem omnibus: truces et caerulei oculi, rutilae
comae, magna corpora et tantum ad impetum valida.
laboris atque operum non eadem patientia, minimeque
sitim aestumque tolerare, frigora atque inediam caelo solove
adsueverunt.

20   Terra, etsi aliquanto specie differt, in universum tamen 5
aut silvis horrida aut paludibus foeda, humidior qua Gallias,
ventosior qua Noricum ac Pannoniam aspicit; satis ferax,
frugiferarum arborum inpatiens, pecorum fecunda, sed
plerumque inprocera. ne armentis quidem suus honor aut
25 gloria frontis; numero gaudent, eaeque solae et gratissimae
opes sunt. argentum et aurum propitiine an irati di nega- 2
verint dubito. nec tamen adfirmaverim nullam Germaniae
venam argentum aurumve gignere: quis enim scrutatus est?

4 hodieque βζ: hodie Γ*   incolitur ΒΓ*: colitur E: incolatur ζ
5 ΑΣΚΙΠΥΡΓΙΟΝ (aut lacunam eius spatii) βΓ*ζ: om. sine lacuna b, ut voluit
Lips.   11 opinioni Meiser   12 aliis del. Lips. (accedente Ruod.
Fuld.), fort. recte   14 tamquam (tan-) BᵛC*(pᵛ)Qζ, Ruod. Fuld.:
quamquam (quan-) βp*Wᵛ   15 c(a)erulei BᵛEC*pQ²(crudeli
Q¹)Wᵛm: c(a)eruli BEᵛW   19 adsueuerint (ass-) EᵛΓ*W: assue-
runt B (-int Bᵛ): assueuerint E, m (ex -intt)   23 patiens Tross
24 pleraque Lips.   26–7 negauerint EΦ*ζ: nauigauerint B:
negauerant C

3 possessione et usu haud perinde adficiuntur; est videre apud
illos argentea vasa, legatis et principibus eorum muneri
data, non in alia vilitate quam quae humo finguntur. quamquam proximi ob usum commerciorum aurum et argentum
in pretio habent formasque quasdam nostrae pecuniae 5
agnoscunt atque eligunt; interiores simplicius et antiquius
permutatione mercium utuntur. pecuniam probant veterem
et diu notam, serratos bigatosque; argentum quoque magis
quam aurum sequuntur, nulla adfectione animi sed quia
numerus argenteorum facilior usui est promiscua ac vilia 10
mercantibus.

6   Ne ferrum quidem superest, sicut ex genere telorum col-
ligitur. rari gladiis aut maioribus lanceis utuntur; hastas vel
ipsorum vocabulo frameas gerunt angusto et brevi ferro, sed
ita acri et ad usum habili ut eodem telo, prout ratio poscit, 15
vel comminus vel eminus pugnent. et eques quidem scuto
frameaque contentus est, pedites et missilia spargunt,
pluraque singuli, atque in inmensum vibrant, nudi aut
sagulo leves. nulla cultus iactatio; scuta tantum lectissimis
coloribus distingunt. paucis loricae, vix uni alterive cassis 20
2 aut galea. equi non forma, non velocitate conspicui; sed
nec variare gyros in morem nostrum docentur: in rectum
aut uno flexu dextros agunt, ita coniuncto orbe ut nemo
3 posterior sit. in universum aestimanti plus penes peditem
roboris; eoque mixti proeliantur, apta et congruente ad 25
equestrem pugnam velocitate peditum, quos ex omni
iuventute delectos ante aciem locant. definitur et numerus:
centeni ex singulis pagis sunt, idque ipsum inter suos vocantur, et quod primo numerus fuit, iam nomen et honor est.
4 acies per cuneos componitur. cedere loco, dummodo rursus 30

---

1 perinde *BE*ᵛ: proinde *B*ᵛ*EC**(*p*)*Qζ*   8 quoque *om. E*: -que
H. Schütz   9 affectione *C**ζ: affectatione *βΦ*   18 in
EC**p*²*QW*²: *om.* (*B*)*p*¹*ζ*   21 galea *Arundelianus 277* (*ut coni. Rhen.*):
galeae *βΓ**W: galie *m*: galea est *Mützell*   sed *suspectum*   22 uariare
BC*W: uarrare *m*: uarietate *EΦ*   23 coniuncto *βΦ**: cuncto
*β*ᵛ*Q*ᵛ*ζ*: concto *C*   24 (a)estimanti *βQ*ᵛ*ζ*: existimanti *Γ**
29 primo *βΦ**m: primum *β*ᵛ*Q*ᵛ*W*: *om. contextum C*

instes, consilii quam formidinis arbitrantur. corpora suorum
etiam in dubiis proeliis referunt. scutum reliquisse praecipuum flagitium, nec aut sacris adesse aut concilium inire
ignominioso fas, multique superstites bellorum infamiam
5 laqueo finierunt.

Reges ex nobilitate, duces ex virtute sumunt. nec regibus 7
infinita ac libera potestas, et duces exemplo potius quam
imperio, si prompti, si conspicui, si ante aciem agant admiratione praesunt. ceterum neque animadvertere neque
10 vincire, ne verberare quidem nisi sacerdotibus permissum,
non quasi in poenam nec ducis iussu sed velut deo imperante,
quem adesse bellantibus credunt: effigiesque et signa quae- 2
dam detracta lucis in proelium ferunt. quodque praecipuum
fortitudinis incitamentum est, non casus nec fortuita con-
15 globatio turmam aut cuneum facit sed familiae et pro-
pinquitates, et in proximo pignora, unde feminarum ululatus
audiri, unde vagitus infantium. hi cuique sanctissimi testes,
hi maximi laudatores; ad matres, ad coniuges vulnera
ferunt: nec illae numerare et exigere plagas pavent, cibosque
20 et hortamina pugnantibus gestant.

Memoriae proditur quasdam acies inclinatas iam et 8
labantes a feminis restitutas constantia precum et obiectu
pectorum et monstrata comminus captivitate, quam longe
inpatientius feminarum suarum nomine timent, adeo ut
25 efficacius obligentur animi civitatum quibus inter obsides
puellae quoque nobiles imperantur. inesse quin etiam 2
sanctum aliquid et providum putant, nec aut consilia
earum aspernantur aut responsa neglegunt. vidimus sub
divo Vespasiano Veledam diu apud plerosque numinis loco
30 habitam; sed et olim Auriniam et compluris alias venerati
sunt, non adulatione nec tamquam facerent deas.

3 consilium $B^v C \Phi^v$ 7 ac $C^* p W$: aut $\beta Q m$ 10 ne BC^*:
neque $E \Phi \zeta$ 16 ululatus feminarum Γ 17 audiri *suspectum*
19 et $C^* \zeta$: aut $\beta(p^v)$(nec p)Q 27 concilia $W^1 m$ 29 ualedam
C: Velaedam *Ritter*   30 auriniam $\beta \Gamma W m$(*ex* auariniam): albriniam
β^{v*}, *unde* Albrunam *W. Wackernagel*

9 Deorum maxime Mercurium colunt, cui certis diebus humanis quoque hostiis litare fas habent. Herculem ac Martem concessis animalibus placant. pars Sueborum et Isidi sacrificat; unde causa et origo peregrino sacro parum comperi nisi quod signum ipsum in modum liburnae 5 2 figuratum docet advectam religionem. ceterum nec cohibere parietibus deos neque in ullam humani oris speciem adsimulare ex magnitudine caelestium arbitrantur; lucos ac nemora consecrant, deorumque nominibus appellant secretum illud quod sola reverentia vident.   10

10 Auspicia sortesque ut qui maxime observant. sortium consuetudo simplex. virgam frugiferae arbori decisam in surculos amputant eosque notis quibusdam discretos super candidam vestem temere ac fortuito spargunt. mox, si publice consultetur, sacerdos civitatis, sin privatim, ipse 15 pater familiae, precatus deos caelumque suspiciens ter singulos tollit, sublatos secundum inpressam ante notam interpretatur. si prohibuerunt, nulla de eadem re in eundem diem consultatio; sin permissum, auspiciorum adhuc fides 2 exigitur. et illud quidem etiam hic notum, avium voces 20 volatusque interrogare; proprium gentis equorum quoque praesagia ac monitus experiri: publice aluntur isdem nemoribus ac lucis candidi et nullo mortali opere contacti, quos pressos sacro curru sacerdos ac rex vel princeps civitatis comitantur hinnitusque ac fremitus observant. nec ulli auspi- 25 cio maior fides, non solum apud plebem sed apud proceres, apud sacerdotes: se enim ministros deorum, illos conscios 3 putant. est et alia observatio auspiciorum, qua gravium bellorum eventus explorant. eius gentis cum qua bellum est captivum quoquo modo interceptum cum electo popularium 30

2 herculem (-cule *m*) ac *Γ**ζ: herculem et *E*: *om. B* (*qui post* placant *praebet* et herculem)   15 consultetur *Halm* (consultatio fuit *Ruod. Fuld.*): consuletur *βΓ**W: -lentur *m*: -litur *Walch*: -latur *Rhen.* 23 contactis *W*ᵛ: -tractis *m*   25 hinnitus (*C*)*Φ** (*contra Ruod. Fuld.*)   26 sed *E s.l., Γ* (sed etiam *Ruod. Fuld.*): *om. βζ**: *totus locus suspectus*

suorum, patriis quemque armis, committunt; victoria huius
vel illius pro praeiudicio accipitur.

De minoribus rebus principes consultant, de maioribus 11
omnes, ita tamen ut ea quoque quorum penes plebem
5 arbitrium est apud principes praetractentur. coeunt, nisi
quid fortuitum et subitum incidit, certis diebus, cum aut
incohatur luna aut impletur; nam agendis rebus hoc auspi-
catissimum initium credunt. nec dierum numerum ut nos
sed noctium computant; sic constituunt, sic condicunt: nox
10 ducere diem videtur. illud ex libertate vitium, quod non
simul nec ut iussi conveniunt, sed et alter et tertius dies
cunctatione coeuntium absumitur. ut turbae placuit, con- 2
sidunt armati. silentium per sacerdotes, quibus tum et
coercendi ius est, imperatur. mox rex vel princeps, prout
15 aetas cuique, prout nobilitas, prout decus bellorum, prout
facundia est, audiuntur auctoritate suadendi magis quam
iubendi potestate. si displicuit sententia, fremitu aspernantur, sin placuit, frameas concutiunt: honoratissimum
adsensus genus est armis laudare.

20   Licet apud concilium accusare quoque et discrimen capitis 12
intendere. distinctio poenarum ex delicto: proditores et
transfugas arboribus suspendunt, ignavos et inbelles et
corpore infames caeno ac palude, iniecta insuper crate,
mergunt. diversitas supplicii illuc respicit, tamquam scelera
25 ostendi oporteat dum puniuntur, flagitia abscondi. sed et 2
levioribus delictis pro modo poena: equorum pecorumque
numero convicti multantur. pars multae regi vel civitati,
pars ipsi qui vindicatur vel propinquis eius exsolvitur.
eliguntur in isdem conciliis et principes qui iura per pagos 3
30 vicosque reddunt; centeni singulis ex plebe comites consilium simul et auctoritas adsunt.

5 praetractentur C^2*W: per- $\beta\Gamma m$ 12 adsumitur $W^1(m)$
13 tum W*: cum Γ: tamen βm: tantum E^v 14 principes *Har-
vardensis L25* (*ut coni. Perizonius*)   20 consilium Γ*   23 crate
β(grate B^v)Γ*(create C)W^v: et grate W: gratem m 26 p(o)ena-
rum $\beta\Gamma$*ζ: *corr. Acidalius*

13 Nihil autem neque publicae neque privatae rei nisi armati
agunt. sed arma sumere non ante cuiquam moris quam
civitas suffecturum probaverit. tum in ipso concilio vel
principum aliquis vel pater vel propinqui scuto frameaque
iuvenem ornant: haec apud illos toga, hic primus iuventae 5
honos; ante hoc domus pars videntur, mox rei publicae.
2 insignis nobilitas aut magna patrum merita principis
dignationem etiam adulescentulis adsignant; ceteris robu-
stioribus ac iam pridem probatis adgregantur, nec rubor
inter comites aspici. gradus quin etiam ipse comitatus habet, 10
iudicio eius quem sectantur; magnaque et comitum aemulatio quibus primus apud principem suum locus, et prin-
3 cipum cui plurimi et acerrimi comites. haec dignitas, hae
vires magno semper electorum iuvenum globo circumdari,
in pace decus, in bello praesidium. nec solum in sua gente 15
cuique sed apud finitimas quoque civitates id nomen, ea
gloria est, si numero ac virtute comitatus emineat; expetuntur enim legationibus et muneribus ornantur et ipsa
plerumque fama bella profligant.
14 Cum ventum in aciem, turpe principi virtute vinci, turpe 20
comitatui virtutem principis non adaequare. iam vero in-
fame in omnem vitam ac probrosum superstitem principi
suo ex acie recessisse; illum defendere tueri, sua quoque
fortia facta gloriae eius adsignare praecipuum sacramentum
2 est: principes pro victoria pugnant, comites pro principe. si 25
civitas in qua orti sunt longa pace et otio torpeat, plerique
nobilium adulescentium petunt ultro eas nationes quae tum
bellum aliquod gerunt, quia et ingrata genti quies et facilius
inter ancipitia clarescunt magnumque comitatum non nisi
vi belloque tueare. exigunt enim principis sui liberalitate 30

---

3 tum *C*W*: cum β*Φ**: tumeuīu *m*   4 propinqui β*Φ*ᵛ*W:
-quus *Γ**(-quis *C ante corr.*)*W*ᵛ*m*   8 ceteri *Lips.*, *fort. recte*:
ceterum *Anderson*   9 robur *W*ᵗ*m*(*)   12–13 principum β*Φ*W*ᵛ:
-pium *C*ζ*   13 hae (*vel sim.*) β*Φ*m*: h(a)ec *CW*   21 (a)equare
Γ*   27 tum *B*(?)*Φ*m*: cum *ECW*   29 clarescant *Γ*   30 tueare
Γ*ζ: tuentur *B*: tueȓ *E*   enim ⟨a⟩ *Acidalius, fort. recte*

illum bellatorem equum, illam cruentam victricemque
frameam: nam epulae et quamquam incompti largi tamen
apparatus pro stipendio cedunt. materia munificentiae per 3
bella et raptus, nec arare terram aut expectare annum tam
5 facile persuaseris quam vocare hostem et vulnera mereri;
pigrum quin immo et iners videtur sudore adquirere quod
possis sanguine parare.

Quotiens bella non ineunt, non multum venatibus, plus 15
per otium transigunt, dediti somno ciboque; fortissimus
10 quisque ac bellicosissimus nihil agens, delegata domus et
penatium et agrorum cura feminis senibusque et infirmissimo
cuique ex familia, ipsi hebent, mira diversitate naturae cum
idem homines sic ament inertiam et oderint quietem. mos 2
est civitatibus ultro ac viritim conferre principibus vel
15 armentorum vel frugum quod pro honore acceptum etiam
necessitatibus subvenit. gaudent praecipue finitimarum
gentium donis, quae non modo a singulis sed et publice
mittuntur, electi equi, magnifica arma, phalerae torques-
que; iam et pecuniam accipere docuimus.

20   Nullas Germanorum populis urbes habitari satis notum 16
est, ne pati quidem inter se iunctas sedes. colunt discreti ac
diversi, ut fons, ut campus, ut nemus placuit. vicos locant
non in nostrum morem conexis et cohaerentibus aedificiis;
suam quisque domum spatio circumdat, sive adversus casus
25 ignis remedium sive inscitia aedificandi. ne caementorum 2
quidem apud illos aut tegularum usus; materia ad omnia
utuntur informi et citra speciem aut delectationem. quaedam loca diligentius inlinunt terra ita pura ac splendente ut
picturam ac liniamenta colorum imitetur. solent et sub- 3
30 terraneos specus aperire eosque multo insuper fimo onerant,

8 non² *del. Lips.*   9–12 ciboque, fortissimus . . . familia: *dist.*
quidam   12 hebent βW^{2}* : habent Γ*ζ   14 principibus 〈aliquid〉
Salinerius   17 a *om.* ζ   et *om.* Γ   18 magna βΓ*ζ: *corr. Meiser*
22 longant $B^{t}E^{v}Q^{v}$ 25 inscientia *Hersfeldensis* (*teste, ut videtur,*
Decembrio)   ne βΓ* : nec ζ*   27–9 *locus obscurus*   28 ac
βζ* : ut *C*: et Φ

suffugium hiemis et receptaculum frugibus, quia rigorem
frigorum eius modi loci molliunt, et si quando hostis advenit
aperta populatur, abdita autem et defossa aut ignorantur
aut eo ipso fallunt quod quaerenda sunt.

17 Tegumen omnibus sagum fibula aut, si desit, spina con- 5
sertum; cetera intecti totos dies iuxta focum atque ignem
agunt. locupletissimi veste distinguntur non fluitante, sicut
Sarmatae ac Parthi, sed stricta et singulos artus exprimente.
gerunt et ferarum pelles, proximi ripae neglegenter, ulteri-
ores exquisitius ut quibus nullus per commercia cultus: 10
eligunt feras et detracta velamina spargunt maculis pellibus-
que beluarum quas exterior Oceanus atque ignotum mare
 2 gignit. nec alius feminis quam viris habitus, nisi quod
feminae saepius lineis amictibus velantur eosque purpura
variant, partemque vestitus superioris in manicas non ex- 15
tendunt, nudae bracchia ac lacertos; sed et proxima pars
pectoris patet.

18 Quamquam severa illic matrimonia, nec ullam morum
partem magis laudaveris. nam prope soli barbarorum
singulis uxoribus contenti sunt, exceptis admodum paucis 20
qui non libidine sed ob nobilitatem plurimis nuptiis am-
 2 biuntur. dotem non uxor marito sed uxori maritus offert.
intersunt parentes et propinqui, ac munera probant, munera
non ad delicias muliebres quaesita nec quibus nova nupta
comatur, sed boves et frenatum equum et scutum cum 25
framea gladioque. in haec munera uxor accipitur, atque in
vicem ipsa armorum aliquid viro adfert: hoc maximum
vinculum, haec arcana sacra, hos coniugales deos arbi-
 3 trantur. ne se mulier extra virtutum cogitationes extraque
bellorum casus putet, ipsis incipientis matrimonii auspiciis 30
admonetur venire se laborum periculorumque sociam,
idem in pace, idem in proelio passuram ausuramque;

---

1 hiemis *Reifferscheid*: hiemi (hyemi) $\beta\Gamma^*\zeta$ 2 loci *Baltimorensis*
(*ut coni. Acidalius*): locis $\beta\Gamma^*\zeta$ 15 superiorem *P. Voss* 16 nud(a)e
$\beta\Gamma^*$: unde ζ 21 pluribus *Halm* 23 munera *altero loco del.*
Lachmann, altero Bernhardy

hoc iuncti boves, hoc paratus equus, hoc data arma
denuntiant. sic vivendum, sic pariendum; accipere se quae
liberis inviolata ac digna reddat, quae nurus accipiant
rursusque ad nepotes referantur.

5 Ergo saepta pudicitia agunt, nullis spectaculorum in- 19
lecebris, nullis conviviorum inritationibus corruptae. litterarum secreta viri pariter ac feminae ignorant. paucissima
in tam numerosa gente adulteria, quorum poena praesens
et maritis permissa: adcisis crinibus nudatam coram pro-
10 pinquis expellit domo maritus ac per omnem vicum verbere
agit. publicatae enim pudicitiae nulla venia: non forma,
non aetate, non opibus maritum invenerit. nemo enim illic
vitia ridet, nec corrumpere et corrumpi saeculum vocatur.
melius quidem adhuc eae civitates in quibus tantum vir- 2
15 gines nubunt et cum spe votoque uxoris semel transigitur.
sic unum accipiunt maritum quo modo unum corpus
unamque vitam, ne ulla cogitatio ultra, ne longior cupiditas,
ne tamquam maritum sed tamquam matrimonium ament.
numerum liberorum finire aut quemquam ex agnatis necare
20 flagitium habetur, plusque ibi boni mores valent quam alibi
bonae leges.

In omni domo nudi ac sordidi in hos artus, in haec cor- 20
pora quae miramur excrescunt. sua quemque mater uberi-
bus alit, nec ancillis ac nutricibus delegantur. dominum ac
25 servum nullis educationis deliciis dinoscas; inter eadem
pecora, in eadem humo degunt, donec aetas separet ingenuos,
virtus agnoscat. sera iuvenum venus, eoque inexhausta 2
pubertas. nec virgines festinantur; eadem iuventa, similis
proceritas; pares validaeque miscentur, ac robora parentum
30 liberi referunt. sororum filiis idem apud avunculum qui 3

1 h(a)ec ... h(a)ec ... h(a)ec Cp^tQ^v 2 pariendum $B(C)\zeta^*$:
pereundum Φ: parientes Ep^v 3 reddat ac digna quae *Acidalius*
9 adcisis B: accis(s)is Γ^*: abscisis $EW(m)$, *fort. recte*   11 enim]
etiam *Lips.*: *del. Nipperdey*   12 inuenerit $\beta\zeta^*$: inuenit Γ^* 18 ne
tamquam . . . ament *nonnullis suspectum*   23 mirantur CpQ^t
24 ac^1 $E\Gamma^*$(nec p^1)W: aut Bm^* 25 educationibus $C^1(Q^1)$

apud patrem honor. quidam sanctiorem artioremque
hunc nexum sanguinis arbitrantur et in accipiendis obsidibus magis exigunt, tamquam et animum firmius et
domum latius teneant. heredes tamen successoresque sui
cuique liberi, et nullum testamentum. si liberi non sunt, 5
proximus gradus in possessione fratres patrui avunculi.
quanto plus propinquorum, quanto maior adfinium numerus, tanto gratiosior senectus; nec ulla orbitatis pretia.

21   Suscipere tam inimicitias seu patris seu propinqui quam
amicitias necesse est. nec inplacabiles durant; luitur enim 10
etiam homicidium certo armentorum ac pecorum numero
recipitque satisfactionem universa domus, utiliter in publicum, quia periculosiores sunt inimicitiae iuxta libertatem.

2   Convictibus et hospitiis non alia gens effusius indulget.
quemcumque mortalium arcere tecto nefas habetur; pro 15
fortuna quisque apparatis epulis excipit. cum defecere, qui
modo hospes fuerat monstrator hospitii et comes; proximam
domum non invitati adeunt. nec interest: pari humanitate
accipiuntur; notum ignotumque quantum ad ius hospitis
nemo discernit. abeunti, si quid poposcerit, concedere moris, 20
et poscendi in vicem eadem facilitas. gaudent muneribus,
sed nec data inputant nec acceptis obligantur. [victus inter
hospites comis.]

22   Statim e somno, quem plerumque in diem extrahunt,
lavantur, saepius calida, ut apud quos plurimum hiems 25
occupat. lauti cibum capiunt; separatae singulis sedes et
sua cuique mensa. tum ad negotia nec minus saepe ad
convivia procedunt armati. diem noctemque continuare
potando nulli probrum. crebrae, ut inter vinolentos, rixae
raro conviciis, saepius caede et vulneribus transiguntur. 30

---

1 apud *b* : ad *βΓ*ζ*   3 animum *m* : in animum *βΓ*W*   7 quanto²
Urb. lat. 412 corr. (ut coni. Halm) : tanto *βΓ*W* : tam *m*   8 gratiosior
*βC*ΦᵛW* : gratior *βᵛΦ*m*   10 implicabiles *CQ*   22–3 *del. de la
Bleterie* (comis *B* : communis *Selling*)   24 e *C*pQᵛζ* : enim *βpᵛQ*
26 occupet *Prammer*

sed et de reconciliandis in vicem inimicis et iungendis 2
adfinitatibus et adsciscendis principibus, de pace denique ac
bello plerumque in conviviis consultant, tamquam nullo
magis tempore aut ad simplices cogitationes pateat animus
5 aut ad magnas incalescat. gens non astuta nec callida aperit 3
adhuc secreta pectoris licentia loci; ergo detecta et nuda
omnium mens. postera die retractatur, et salva utriusque
temporis ratio est: deliberant dum fingere nesciunt, constituunt dum errare non possunt.

10 Potui umor ex hordeo aut frumento in quandam simili- 23
tudinem vini corruptus; proximi ripae et vinum mercantur.
cibi simplices, agrestia poma, recens fera aut lac concretum:
sine apparatu, sine blandimentis expellunt famem. adversus
sitim non eadem temperantia: si indulseris ebrietati sug-
15 gerendo quantum concupiscunt, haud minus facile vitiis
quam armis vincentur.

Genus spectaculorum unum atque in omni coetu idem: 24
nudi iuvenes, quibus id ludicrum est, inter gladios se atque
infestas frameas saltu iaciunt. exercitatio artem paravit, ars
20 decorem, non in quaestum tamen aut mercedem: quamvis
audacis lasciviae pretium est voluptas spectantium. aleam, 2
quod mirere, sobrii inter seria exercent, tanta lucrandi
perdendive temeritate ut, cum omnia defecerunt, extremo
ac novissimo iactu de libertate ac de corpore contendant.
25 victus voluntariam servitutem adit; quamvis iuvenior,
quamvis robustior alligari se ac venire patitur. ea est in
re prava pervicacia; ipsi fidem vocant. servos condicionis
huius per commercia tradunt, ut se quoque pudore victoriae
exsolvant.

30 Ceteris servis non in nostrum morem descriptis per 25

1 sed et βm: sed Γ*W, fort. recte   reconciliatis Γ (deinde inimicitiis)
6 loci Bᵛζ: ioci βΓ*Wᵛ   7 ⟨res⟩ retractatur Meiser   8 deliberant dum βΓ*: deliberandum ζ   17 in omni βΓ*: nouum W:
in m   19 parat CΦᵗ   21 spectantium EpᵛQ: expectantium
BC*pζ   24 deliberate ζ   30 ceterum E. Wolff, fort. recte   di-
scriptis Reifferscheid

familiam ministeriis utuntur; suam quisque sedem, suos
penates regit. frumenti modum dominus aut pecoris aut
vestis ut colono iniungit, et servus hactenus paret; cetera
domus officia uxor ac liberi exequuntur. verberare servum
ac vinculis et opere coercere rarum; occidere solent, non 5
disciplina et severitate sed impetu et ira, ut inimicum, nisi
2 quod inpune est. liberti non multum supra servos sunt, raro
aliquod momentum in domo, numquam in civitate, exceptis dumtaxat iis gentibus quae regnantur. ibi enim et
super ingenuos et super nobiles ascendunt; apud ceteros in- 10
pares libertini libertatis argumentum sunt.

26 Faenus agitare et in usuras extendere ignotum; ideoque
2 magis servatur quam si vetitum esset. agri pro numero
cultorum ab universis †uices† occupantur: quos mox inter
se secundum dignationem partiuntur (facilitatem par- 15
3 tiendi camporum spatia praestant). arva per annos mutant,
et superest ager. nec enim cum ubertate et amplitudine soli
labore contendunt ut pomaria conserant, ut prata separent,
4 ut hortos rigent; sola terrae seges imperatur. unde annum
quoque ipsum non in totidem digerunt species: hiems et ver 20
et aestas intellectum ac vocabula habent, autumni perinde
nomen ac bona ignorantur.

27 Funerum nulla ambitio; id solum observatur ut corpora
clarorum virorum certis lignis crementur. struem rogi
nec vestibus nec odoribus cumulant; sua cuique arma, 25
quorundam igni et equus adicitur. sepulcrum caespes erigit:
monumentorum arduum et operosum honorem ut gravem
defunctis aspernantur. lamenta ac lacrimas cito, dolorem
et tristitiam tarde ponunt. feminis lugere honestum est, viris
meminisse.   30

3 ut $\beta\Gamma*$: aut $\zeta*$ et $\Gamma*\zeta$: ut β 9 hi(i)s $E\zeta$ regnant ζ 12 ignominiosum *Thiersch*   13 aversantur *Salmasius*: vitatur *Ritter*   14 ui-
ces $C*\zeta$: inuices $\beta\Phi$: inuicem b: vicis *Lips.* (*tamquam ex Bambergensi*)
16 pr(a)estant $\beta\Gamma\zeta$: pr(a)ebent $\beta^v\Phi^{v*}W^v$ 18 labore BE^vC*W^v:
laborare $B^vE\Phi*\zeta$ ut^2 *Mützell*: et $\beta\Gamma*\zeta$ 19 ut $\beta\zeta*$: et Γ
21 proinde ζ

Haec in commune de omnium Germanorum origine ac 2
moribus accepimus; nunc singularum gentium instituta
ritusque quatenus differant quaeque nationes e Germania
in Gallias commigraverint expediam.

5 Validiores olim Gallorum res fuisse summus auctorum 28
divus Iulius tradit, eoque credibile est etiam Gallos in
Germaniam transgressos. quantulum enim amnis obstabat
quo minus, ut quaeque gens evaluerat, occuparet per-
mutaretque sedes promiscuas adhuc et nulla regnorum
10 potentia divisas! igitur inter Hercyniam silvam Rhenumque 2
et Moenum amnes Helvetii, ulteriora Boii, Gallica utraque
gens, tenuere: manet adhuc Boihaemi nomen signatque loci
veterem memoriam quamvis mutatis cultoribus. sed utrum 3
Aravisci in Pannoniam ab Osis [Germanorum natione] an
15 Osi ab Araviscis in Germaniam commigraverint, cum eodem
adhuc sermone institutis moribus utantur, incertum est, quia
pari olim inopia ac libertate eadem utriusque ripae bona
malaque erant. Treveri et Nervii circa adfectationem 4
Germanicae originis ultro ambitiosi sunt, tamquam per
20 hanc gloriam sanguinis a similitudine et inertia Gallorum
separentur. ipsam Rheni ripam haud dubie Germanorum
populi colunt, Vangiones Triboci Nemetes. ne Ubii quidem,
quamquam Romana colonia esse meruerint ac libentius
Agrippinenses conditoris sui nomine vocentur, origine eru-
25 bescunt, transgressi olim et experimento fidei super ipsam
Rheni ripam conlocati ut arcerent, non ut custodirentur.

3 quaeque *Halm*: qu(a)e βΓ*ζ (quae nationes ... commigraverint
secl. Heimsoeth, Reifferscheid) 10 diuisas βζ*: diuersas Γ* ⟨quan-
tum⟩ inter *tempt. Wölfflin* hercyniam *Ep²Q*W*(*ex* -cu-)*m*: hir-
cyniam *B*: hercinam *C*(*): herciniam *p*¹ (*similis variatio infra 30, 1*)
12 boihemi *B*(boiiemi *B*ᵛ)*EC*(*ex* boiemi)*Φ*: boiihaemi *W*: bohemi
*W*ᵛ*m** nomen βΓ*W*ᵛ: onem *B*ᵛ*W*: nomen adhuc boiihemionem
m signatque ζ*: significatque βΓ, *fort. recte* 14 ab osis *Arundelianus 277*: a boiis *B*Γ*: a bois *E*ζ Germanorum natione *del. Passow*
18 Nervii *Rhen.*: neruli β*C*QW*: heruli *p*: ueruli *m* 19 ger-
mani(a)e Γ*m* 22 treboci Γ ne Ubii *Gruter*: nubii βΓ*ζ: ubii
b mg.

29 Omnium harum gentium virtute praecipui Batavi non multum ex ripa, sed insulam Rheni amnis colunt, Chattorum quondam populus et seditione domestica in eas sedes transgressus in quibus pars Romani imperii fierent. manet honos et antiquae societatis insigne: nam nec tributis con- 5 temnuntur nec publicanus atterit; exempti oneribus et conlationibus et tantum in usum proeliorum sepositi, velut tela 2 atque arma bellis reservantur. est in eodem obsequio et Mattiacorum gens; protulit enim magnitudo populi Romani ultra Rhenum ultraque veteres terminos imperii reveren- 10 tiam. ita sede finibusque in sua ripa, mente animoque nobiscum agunt, cetera similes Batavis, nisi quod ipso adhuc terrae suae solo et caelo acrius animantur.

3 Non numeraverim inter Germaniae populos, quamquam trans Rhenum Danuviumque consederint, eos qui Decu- 15 mates agros exercent. levissimus quisque Gallorum et inopia audax dubiae possessionis solum occupavere; mox limite acto promotisque praesidiis sinus imperii et pars provinciae habentur.

30 Ultra hos Chatti initium sedis ab Hercynio saltu incohant, 20 non ita effusis ac palustribus locis ut ceterae civitates in quas Germania patescit, durant siquidem colles, paulatim rarescunt, et Chattos suos saltus Hercynius prosequitur simul 2 atque deponit. duriora genti corpora, stricti artus, minax vultus et maior animi vigor. multum, ut inter Germanos, 25 rationis ac sollertiae: praeponere electos, audire praepositos, nosse ordines, intellegere occasiones, differre impetus, disponere diem, vallare noctem, fortunam inter dubia virtutem inter certa numerare, quodque rarissimum nec nisi Romanae disciplinae concessum, plus reponere in duce quam in exer- 30

1 batani *W**: batauii *βC*Q*: batami *m*: batanii *p*　2–3 chattorum *B²C*p(ex* chato-)*QW*: chactorum *m*: cattorum *B¹*: cathorum *E* (*et sic alibi*)　6–7 collationibus *βΓ*Wᵛm*: collocationibus *βᵛQᵛ*W*　14 numerauerim *βζ**: numerauimus *C*: nu(mer)amus *Φ*　15–16 decumates *Γ**: decumathes *β**: de(e)umathes *ζ* 22 *distinxit Rhen.* (durant. siquidem *fere codices*), *qui deinde* paulatimque 25 animis *W*: om. *m*　29 romane *Bζ*: roe̅ *EC*: ratione *Φ**

citu. omne robur in pedite, quem super arma ferramentis 3
quoque et copiis onerant; alios ad proelium ire videas,
Chattos ad bellum. rari excursus et fortuita pugna: eque-
strium sane virium id proprium, cito parare victoriam, cito
5 cedere; ⟨peditum⟩ velocitas iuxta formidinem, cunctatio
propior constantiae est.

Et aliis Germanorum populis usurpatum raro et privata 31
cuiusque audentia apud Chattos in consensus vertit, ut
primum adoleverint crinem barbamque summittere nec
10 nisi hoste caeso exuere votivum obligatumque virtuti oris
habitum. super sanguinem et spolia revelant frontem,
seque tum demum pretia nascendi retulisse dignosque patria
ac parentibus ferunt. ignavis et inbellibus manet squalor.
fortissimus quisque ferreum insuper anulum (ignominiosum 2
15 id genti) velut vinculum gestat, donec se caede hostis ab-
solvat. plurimis Chattorum hic placet habitus, iamque
canent insignes et hostibus simul suisque monstrati. omnium 3
penes hos initia pugnarum; haec prima semper acies, visu
nova. nam ne in pace quidem cultu mitiore mansuescunt.
20 nulli domus aut ager aut aliqua cura; prout ad quemque
venere aluntur, prodigi alieni, contemptores sui, donec
exsanguis senectus tam durae virtuti inpares faciat.

Proximi Chattis certum iam alveo Rhenum quique ter- 32
minus esse sufficiat Usipi ac Tencteri colunt. Tencteri super
25 solitum bellorum decus equestris disciplinae arte praecel-
lunt, nec maior apud Chattos peditum laus quam Tencteris
equitum. sic instituere maiores, posteri imitantur. hi lusus
infantium, haec iuvenum aemulatio; perseverant senes.
inter familiam et penates et iura successionum equi tradun-
30 tur; excipit filius non, ut cetera, maximus natu sed prout
ferox bello et melior.

   1 impedite quam *W(m)** (quam *etiam Bᵛ*)   3 rari βΦζ: raro
*C*Wᵛ, non male*   5 peditum *add. Baehrens*   6 propior *BΦ*:
propior *E*: propiora *C**: propriora ζ: propior a (constantia) *Robinson*
7 rara *BᵗEᵛΦᵛ*W*(?)   12 noscendi *BᵗEᵛΓ*   16–17 plurimis . . .
monstrati *nonnullis suspectum*   19 cultu *C*ζ*: uultu βΦ

33   Iuxta Tencteros Bructeri olim occurrebant; nunc Chamavos et Angrivarios immigrasse narratur, pulsis Bructeris ac
penitus excisis vicinarum consensu nationum, seu superbiae
odio seu praedae dulcedine seu favore quodam erga nos
deorum. nam ne spectaculo quidem proelii invidere: 5
super sexaginta milia non armis telisque Romanis sed,
quod magnificentius est, oblectationi oculisque ceciderunt.
2 maneat, quaeso, duretque gentibus, si non amor nostri, at
certe odium sui, quando urgentibus imperii fatis nihil iam
praestare fortuna maius potest quam hostium discordiam. 10

34   Angrivarios et Chamavos a tergo Dulgubini et Chasuarii
claudunt aliaeque gentes haud perinde memoratae, a fronte
Frisii excipiunt. maioribus minoribusque Frisiis vocabulum
est ex modo virium; utraeque nationes usque ad Oceanum
Rheno praetexuntur ambiuntque inmensos insuper lacus et 15
2 Romanis classibus navigatos. ipsum quin etiam Oceanum
illa temptavimus, et superesse adhuc Herculis columnas
fama vulgavit, sive adiit Hercules seu quidquid ubique
magnificum est in claritatem eius referre consensimus. nec
defuit audentia Druso Germanico, sed obstitit Oceanus in se 20
simul atque in Herculem inquiri; mox nemo temptavit,
sanctiusque ac reverentius visum de actis deorum credere
quam scire.

35   Hactenus in occidentem Germaniam novimus; in septen-
trionem ingenti flexu recedit. ac primo statim Chaucorum 25
gens, quamquam incipiat a Frisiis ac partem litoris occupet,
omnium quas exposui gentium lateribus obtenditur, donec
in Chattos usque sinuetur. tam inmensum terrarum spatium

2 anguiuarios *C*: angruuarios *p*: augrinarios *m* (*et similiter 34, 1*)
8 at *βΦ**: ac *C*ζ̄*   9 urgentibus *Rhen.*: urgentibus iam *β*: in
urgentibus *Γ**: in gentibus *ζ**   nil *BC*p*(?)   11 Dulgubini
Tross: dulgibini *BEᵛΓ*W*: dulgicubini *Bᵛ*: dulgicubuni *E*: dulcubuni
pᵛ(Qᵛ)*Wᵛ (*m*): Dulgubnii *Grimm*   chasuarii *ζ**: thasuarii *β*: occasuarii
C: chasuari *Φ*   13 frisii *βp*: frisci *C*: frasii *Q*: frisi *ζ**   frisis
βΓ*(friscis *C¹*)*ζ*, *ut infra 35, 1*   19 magnum *β*   20 Drusi
Borchardt   25 recedit *K. Heraeus*: redit *βΓ*ζ*   27 obtenditur
βΦ*W: -tendere *C**: -tendit *m*   28 sinatur *EᵛC*ΦᵗWᵛ*

non tenent tantum Chauci sed et implent, populus inter
Germanos nobilissimus quique magnitudinem suam malit
iustitia tueri. sine cupiditate, sine inpotentia, quieti secreti- 2
que nulla provocant bella, nullis raptibus aut latrociniis
5 populantur. id praecipuum virtutis ac virium argumentum
est quod ut superiores agant non per iniurias adsequuntur;
prompta tamen omnibus arma ac, si res poscat, exercitus,
plurimum virorum equorumque. et quiescentibus eadem
fama.

10   In latere Chaucorum Chattorumque Cherusci nimiam ac 36
marcentem diu pacem inlacessiti nutrierunt; idque iucun-
dius quam tutius fuit, quia inter inpotentis et validos falso
quiescas: ubi manu agitur, modestia ac probitas nomina
superioris sunt. ita qui olim boni aequique Cherusci nunc
15 inertes ac stulti vocantur, Chattis victoribus fortuna in
sapientiam cessit. tracti ruina Cheruscorum et Fosi, con- 2
termina gens, adversarum rerum ex aequo socii sunt cum
in secundis minores fuissent.

Eundem Germaniae sinum proximi Oceano Cimbri 37
20 tenent, parva nunc civitas sed gloria ingens; veterisque
famae lata vestigia manent, utraque ripa castra ac spatia,
quorum ambitu nunc quoque metiaris molem manusque
gentis et tam magni exitus fidem. sescentesimum et quadra- 2
gesimum annum urbs nostra agebat cum primum Cimbro-
25 rum audita sunt arma Caecilio Metello ac Papirio Carbone
consulibus. ex quo si ad alterum imperatoris Traiani consulatum computemus, ducenti ferme et decem anni colliguntur: tam diu Germania vincitur. medio tam longi aevi 3
spatio multa in vicem damna. non Samnis, non Poeni, non
30 Hispaniae Galliaeve, ne Parthi quidem saepius admonuere:

5 uirium βζ* : uirium praecipuum Γ   7 exercitus del. Walch
(plurimum tamquam gen. plur. interpretatus est Gruber)   13 nomine
βΓ*ζ: corr. Beroaldus   16 tracti ζ* : tacti βΓ   fusi B : fosci
Q¹ : fossi W   17 aduersarum βΦ*W : -sariis βᵛ : -sarium C : -sarios
Wᵛ* : -sorum m   19 situm βQᵛ   22 ambitu βᵛ : ambitum
βΓ*ζ   25 ac Γ*ζ : et β   sapirio β   26–7 conᵗᵘᵐ B :
conuentum E

quippe regno Arsacis acrior est Germanorum libertas. quid
enim aliud nobis quam caedem Crassi, amisso et ipse
4 Pacoro, infra Ventidium deiectus Oriens obiecerit? at
Germani Carbone et Cassio et Scauro Aurelio et Servilio
Caepione Maximoque Mallio fusis vel captis quinque simul 5
consularis exercitus populo Romano, Varum trisque cum eo
legiones etiam Caesari abstulerunt; nec inpune C. Marius
in Italia, divus Iulius in Gallia, Drusus ac Nero et
Germanicus in suis eos sedibus perculerunt. mox ingentes
5 C. Caesaris minae in ludibrium versae. inde otium, donec 10
occasione discordiae nostrae et civilium armorum expugnatis legionum hibernis etiam Gallias adfectavere ac rursus
pulsi. nam proximis temporibus triumphati magis quam
victi sunt.

38 Nunc de Suebis dicendum est, quorum non una ut Chat- 15
torum Tencterorumve gens; maiorem enim Germaniae
partem obtinent, propriis adhuc nationibus nominibusque
2 discreti, quamquam in commune Suebi vocentur. insigne
gentis obliquare crinem nodoque substringere; sic Suebi a
ceteris Germanis, sic Sueborum ingenui a servis separantur. 20
in aliis gentibus seu cognatione aliqua Sueborum seu, quod
saepe accidit, imitatione, rarum et intra iuventae spatium
†apud Suebos usque ad canitiem horrentem capillum retro sequuntur† ac saepe in ipso vertice religant. principes
et ornatiorem habent; ea cura formae, sed innoxia: 25
neque enim ut ament amenturve in altitudinem quan-

                                                                                         t

2 et ipse ζ*: et ipso et ipse $\beta\Gamma$*   3 obiecerit $W(m)$*: obiecer
B: obiecerunt $E\Phi$: obicitur C 5 Maximoque *Baehrens*: marcoque
$\beta\zeta$: mi quoque C: m.quoque Φ: Gnaeoque *Halm*   mallio E: malio
m: manlio $B\Gamma$*W 6 populo. ro. b^2: populi romani βC*: po.ro.
$\Phi W(m)$ 7 Caesari] Caesari $\langle$Augusto$\rangle$ *Ritter*: Augusto *Goodyear*
9 pertulerunt ζ 13 nam $\beta^v\zeta$*: inde $\beta\Gamma$ 18 quam β
22 s(a)epius ζ 23 *hariolor* canitiem. $\langle$feminae$\rangle$ 23–4 retro
sequentem C: retrosus pectunt *H. Schütz*: retrosum agunt *Haupt*: retor-
quent *Mähly, Madvig*   24 ipso $\beta^v m$: solo β: ipso solo Γ*W religant
m: rei ligant W: religatur β: ligant Γ*   25 ornatiorem $\beta\Gamma$*: orna-
torem ζ*   innoxia *Muretus*: innoxi(a)e $\beta\Phi^v$*ζ: inopiae Γ

dam et terrorem adituri bella †compti ut hostium oculis ornantur†.

Vetustissimos se nobilissimosque Sueborum Semnones **39** memorant. fides antiquitatis religione firmatur. stato tem-
5 pore in silvam auguriis patrum et prisca formidine sacram ⟨eiusdem⟩ nominis eiusdemque sanguinis populi legationi-
bus coeunt caesoque publice homine celebrant barbari ritus horrenda primordia. est et alia luco reverentia: nemo **2** nisi vinculo ligatus ingreditur, ut minor et potestatem
10 numinis prae se ferens. si forte prolapsus est, adtolli et in-
surgere haud licitum: per humum evolvuntur. eoque omnis superstitio respicit tamquam inde initia gentis, ibi regna-
tor omnium deus, cetera subiecta atque parentia. adicit **3** auctoritatem fortuna Semnonum; centum pagis habitant,
15 magnoque corpore efficitur ut se Sueborum caput credant.

Contra Langobardos paucitas nobilitat; plurimis ac **40** valentissimis nationibus cincti non per obsequium sed proeliis et periclitando tuti sunt. Reudigni deinde et Aviones **2** et Anglii et Varini et Eudoses et Suarines et Nuitones
20 fluminibus aut silvis muniuntur. nec quicquam notabile in singulis, nisi quod in commune Nerthum, id est Terram matrem, colunt eamque intervenire rebus hominum, invehi populis arbitrantur. est in insula Oceani castum nemus, **3** dicatumque in eo vehiculum, veste contectum; attingere uni
25 sacerdoti concessum. is adesse penetrali deam intellegit

1 compti ut] compti *Halm*: comptius *Lachmann*   2 ornantur β^{v}C$Φ$^{v}*W^v: armantur β$Φ$*ζ   3 se β$Γ$*: seu ζ: *om. c*   semnones β^v$Φ$*W^v: semones βC*ζ (*similiter infra* §3)   4 statuto E^t$Φ$m 5 patrum *W*: patrium β$Γ$m   sacram W^v*: sacrum β$Γ$*ζ   6 eiusdem nominis *Anderson* (*post Robinson*): nominis W^v*: nominis numinis β^v: omnes β: omnis $Γ$*ζ   eiusdemque βζ: eiusdem $Γ$*   10 est β*: esta ζ: *om. Γ*   14 habitantur β$Γ$*ζ: *corr. Ernesti* (pagi iis habitantur *Brotier*)   15 corpore βC*$Φ$^{v}ζ: tempore β^v$Φ$*W^v 16 langobardos *Stutgardiensis corr.*, *Pichena*: longo- $Γ$*W: largo- β: larga-
m   paucitas *om. Γ*   nobilitat ζ*: -ilitas β$Γ$ 18 et^1 $Γ$*W: ac βm   Veusdigni *B*: Veudigni E^v 19 suarines βC*W: smarines m: suardones E^v$Φ$W^v nuit(h)ones β$Γ$*: nurchones *W*: muthones m 21 neithum *B*: nertum *E*: herthum *p*   24 ea β$Γ$*ζ: *corr. Rhen.*

vectamque bubus feminis multa cum veneratione prosequitur. laeti tunc dies, festa loca quaecumque adventu
hospitioque dignatur. non bella ineunt, non arma sumunt;
clausum omne ferrum; pax et quies tunc tantum nota, tunc
tantum amata, donec idem sacerdos satiatam conversa- 5
4 tione mortalium deam templo reddat. mox vehiculum et
vestis et, si credere velis, numen ipsum secreto lacu abluitur.
servi ministrant, quos statim idem lacus haurit; arcanus hinc
terror sanctaque ignorantia quid sit illud quod tantum
perituri vident. 10

41 Et haec quidem pars Sueborum in secretiora Germaniae
porrigitur; propior, ut quo modo paulo ante Rhenum sic
nunc Danuvium sequar, Hermundurorum civitas, fida
Romanis: eoque solis Germanorum non in ripa commercium
sed penitus atque in splendidissima Raetiae provinciae 15
colonia. passim sine custode transeunt, et, cum ceteris gentibus arma modo castraque nostra ostendamus, his domos
2 villasque patefecimus non concupiscentibus. in Hermun-
duris Albis oritur, flumen inclutum et notum olim; nunc
tantum auditur. 20

42 Iuxta Hermunduros Naristi ac deinde Marcomani et
Quadi agunt. praecipua Marcomanorum gloria viresque,
atque ipsa etiam sedes pulsis olim Boiis virtute parta. nec Naristi Quadive degenerant. eaque Germaniae velut frons est,
2 quatenus Danuvio peragitur. Marcomanis Quadisque usque 25
ad nostram memoriam reges mansere ex gente ipsorum,
nobile Marobodui et Tudri genus: iam et externos patiuntur.
sed vis et potentia regibus ex auctoritate Romana: raro
armis nostris, saepius pecunia iuvantur; nec minus valent.

    4 nota] inmota *Freudenberg*   5 satiata Γ 7 uestes $\beta\Gamma^*\zeta$:
corr. Andresen   9 illud $\beta\zeta^*$: id Γ 10 perituri $\beta\Gamma^*$: petit-
W: parit- *m*   11 Suevorum *Rhen.*: uerborum $\beta\Gamma^*\zeta$ 12 proprior
$\beta^v\zeta^*$ 16 passim $\beta\zeta^*$: passim et Γ^* 21 naristi B^*: narisci
$E(?)\Phi m$: maristi C: noristi W (*et similiter infra*)   22 marcoman-
norum $\Phi W(corr.?)$: marcomorum *m* (*nec consentiunt codices in hoc nomine
alibi*)   23 boiis *m*: bois $\beta\Gamma^*W$ 25 praecingitur *Tagmann*
quadisue Γ 26 mansere $\beta\zeta$: -serunt Γ^*

Retro Marsigni Cotini Osi Buri terga Marcomanorum 43
Quadorumque claudunt. e quibus Marsigni et Buri sermone
cultuque Suebos referunt; Cotinos Gallica, Osos Panno-
nica lingua coarguit non esse Germanos, et quod tributa
5 patiuntur. partem tributorum Sarmatae, partem Quadi ut
alienigenis inponunt; Cotini, quo magis pudeat, et ferrum
effodiunt. omnesque hi populi pauca campestrium, ceterum 2
saltus et vertices montium [iugumque] insederunt; dirimit
enim scinditque Suebiam continuum montium iugum, ultra
10 quod plurimae gentes agunt: ex quibus latissime patet
Lugiorum nomen in plures civitates diffusum. valentissimas
nominasse sufficiet, Harios Helveconas Manimos Helysios
Nahanarvalos. apud Nahanarvalos antiquae religionis lucus 3
ostenditur. praesidet sacerdos muliebri ornatu, sed deos
15 interpretatione Romana Castorem Pollucemque memorant.
ea vis numini, nomen Alcis. nulla simulacra, nullum pere-
grinae superstitionis vestigium; ut fratres tamen, ut iuvenes
venerantur. ceterum Harii, super vires quibus enumeratos 4
paulo ante populos antecedunt truces, insitae feritati arte
20 ac tempore lenocinantur: nigra scuta, tincta corpora; atras
ad proelia noctes legunt ipsaque formidine atque umbra
feralis exercitus terrorem inferunt, nullo hostium sustinente
novum ac velut infernum aspectum: nam primi in omnibus
proeliis oculi vincuntur.
25 Trans Lugios Gotones regnantur, paulo iam adductius 44
quam ceterae Germanorum gentes, nondum tamen supra
libertatem. protinus deinde ab Oceano Rugii et Lemovii.

1 got(h)ini βΓ*ζ (*et sic infra* got(h)inos; *at l. 6* cotini *C*m*)   burii
Γ (*et sic infra Φ*)   3 cultu ζ   7 paucam Γ   8 iugumque
del. Acidalius: montium iugumque *del. Reifferscheid*   11 lygiorum
βᵛ: leg- βΦ*ζ: lig- *p*ᵛ: leug- *C*: ueg- *W*ᵛ* (lyg-, lig- *infra, 44, 1*)
12 (h)elysios *B*Γ*W*: helisios *Em*(?): halisionas *B*ᵛ (*et E*ᵛ *quasi ad*
helueconas *pertinens*)   13 naharualos βᵛ: naharaualos *p*   nahanar-
ualos² *Vat. lat. 4498*: naharualos (*vel sim.*) βΓ*ζ   regionis *E*ᵛ*C*ζ
18 arii *Stutgardiensis*: alii βΓ*W*: aliis *m*   19 trucis βΓ*ζ: *corr.*
Beroaldus   22 fertilis Γ   25 gothones βΓ*ζ   regnantur
*W*¹(?)*: regnant βΓ*W*(*corr.?)m*   27 lemonii *EΦm*

omniumque harum gentium insigne rotunda scuta, breves
gladii et erga reges obsequium.

2 Suionum hinc civitates, ipso in Oceano, praeter viros
armaque classibus valent. forma navium eo differt quod
utrimque prora paratam semper adpulsui frontem agit. nec 5
velis ministrant nec remos in ordinem lateribus adiungunt;
solutum, ut in quibusdam fluminum, et mutabile, ut res
3 poscit, hinc vel illinc remigium. est apud illos et opibus
honos, eoque unus imperitat, nullis iam exceptionibus, non
precario iure parendi. nec arma, ut apud ceteros Germanos, 10
in promiscuo, sed clausa sub custode, et quidem servo, quia
subitos hostium incursus prohibet Oceanus, otiosae porro
armatorum manus facile lasciviunt; enimvero neque nobilem
neque ingenuum, ne libertinum quidem armis praeponere
regia utilitas est.   15

45 Trans Suionas aliud mare, pigrum ac prope inmotum,
quo cingi claudique terrarum orbem hinc fides quod
extremus cadentis iam solis fulgor in ortus edurat adeo
clarus ut sidera hebetet; sonum insuper emergentis audiri
formasque equorum et radios capitis aspici persuasio adicit. 20
2 †illuc usque et fama vera tantum natura.† ergo iam dextro
Suebici maris litore Aestiorum gentes adluuntur, quibus
ritus habitusque Sueborum, lingua Britannicae propior.
matrem deum venerantur. insigne superstitionis formas
aprorum gestant; id pro armis hominumque tutela securum 25
3 deae cultorem etiam inter hostis praestat. rarus ferri, frequens fustium usus. frumenta ceterosque fructus patientius
4 quam pro solita Germanorum inertia laborant. sed et mare

3 ipso *C*ζ* : ips(a)e *βΦ*   o(c)ceano *Γ** : o(c)ceanum *βζ*   4 nauis *ζ*
6 ministrantur *βΓ*ζ* : *corr. Lips.*   11 in *βζ** : neque *Γ*   promisco *ζ**
(*cf. 5, 3 et 28, 1*)   12 oc(c)iosa *βΓ*ζ* : *corr. nescioquis saec. xvii
ineuntis*   15 est] *hinc deficit p* (*Γ=CQ*)   16 suionos *W* : -ones *m*
19 emergentis *βζ** : *om. Γ**   20 formas *Γ**   equorum *Urb. lat.*
412 corr., Colerus : deorum *βΓ*W^v* : eorum *E^vζ*   21 *locus corruptus* :
(et fama vera) *distingunt vulgo* : si fama vera *Grotius*   22 sueuici
β^v(?)Q*W^v : s(a)euici *βC*ζ*   adluuntur (all-) *Γ*W(m)* : abluuntur *β*
25 hominumque *Urlichs* : omniumque *βΓ*W^1* : omnique *W^2m*

scrutantur, ac soli omnium sucinum, quod ipsi glesum vocant, inter vada atque in ipso litore legunt. nec quae natura
quaeve ratio gignat, ut barbaris, quaesitum compertumve;
diu quin etiam inter cetera eiectamenta maris iacebat, donec
5 luxuria nostra dedit nomen. ipsis in nullo usu; rude legitur,
informe perfertur, pretiumque mirantes accipiunt. sucum 5
tamen arborum esse intellegas, quia terrena quaedam atque
etiam volucria animalia plerumque interlucent, quae im-
plicata umore mox durescente materia clauduntur. fecun-
10 diora igitur nemora lucosque, sicut Orientis secretis, ubi
tura balsamaque sudantur, ita Occidentis insulis terrisque
inesse crediderim, †quae† vicini solis radiis expressa atque
liquentia in proximum mare labuntur ac vi tempestatum in
adversa litora exundant. si naturam sucini admoto igne
15 temptes, in modum taedae accenditur alitque flammam
pinguem et olentem; mox ut in picem resinamve lentescit.

Suionibus Sitonum gentes continuantur. cetera similes 6
uno differunt, quod femina dominatur: in tantum non modo
a libertate sed etiam a servitute degenerant.

20 Hic Suebiae finis. Peucinorum Venetorumque et Fen- 46
norum nationes Germanis an Sarmatis adscribam dubito.
quamquam Peucini, quos quidam Bastarnas vocant, sermone cultu sede ac domiciliis ut Germani agunt; sordes
omnium ac torpor procerum; conubiis mixtis nonnihil in
25 Sarmatarum habitum foedantur. Veneti multum ex moribus 2
traxerunt; nam quidquid inter Peucinos Fennosque silvarum ac montium erigitur latrociniis pererrant. hi tamen
inter Germanos potius referuntur, quia et domos figunt et
scuta gestant et pedum usu ac pernicitate gaudent: quae

1 *hinc pendet Cassiodorus Var. 5. 2*   3 gignit Γ*   10 ⟨et⟩
sicut *Mähly*   12 quae] qua *Detschew*   radiis $Q\zeta$* : radius βC
14 igni β 18 differuntur C*ζ 20 finis *Arundelianus 277* :
fines $\beta\Gamma$*ζ peucinorum $\beta\Gamma$*$W(m)$: peucurorum $B^v W^{v}$*   uene-
t(h)orumque $\beta\Gamma$*ζ : Venedorumque *Rhen.* (*et sic infra*)   22 quidem ζ
24 mixtis *Vat. lat. 4498* : mixtos $\beta(def.\ C)(Q)$*ζ : *totus locus obscurus*
28 figunt B : fingunt $E(def.\ C)Q$*ζ 29 pedum *Lips.* : peditum
$E(def.\ C)Q$*ζ : pecudum B

omnia diversa Sarmatis sunt in plaustro equoque viventibus.
3 Fennis mira feritas, foeda paupertas: non arma, non equi,
non penates; victui herba, vestitui pelles, cubile humus;
solae in sagittis spes, quas inopia ferri ossibus asperant.
idemque venatus viros pariter ac feminas alit; passim enim 5
comitantur partemque praedae petunt. nec aliud infantibus
ferarum imbriumque suffugium quam ut in aliquo ramorum
nexu contegantur; huc redeunt iuvenes, hoc senum receptaculum. sed beatius arbitrantur quam ingemere agris,
inlaborare domibus, suas alienasque fortunas spe metuque 10
versare; securi adversus homines, securi adversus deos rem
difficillimam adsecuti sunt, ut illis ne voto quidem opus
esset.
4   Cetera iam fabulosa, Hellusios et Oxionas ora hominum
vultusque, corpora atque artus ferarum gerere: quod ego ut 15
incompertum in medium relinquam.

14 oxionas βW^* : oxianas m : exionas Γ : etionas $\beta^v W^{v*}$ 15 corpora
$B\zeta$: et corpora $E\Gamma^*$ 16 medio *Halm*
   Titulum praebent in fine $\beta\zeta$, *his verbis*: 'Cornelii Taciti de origine et
situ (moribus *E*) Germanorum liber explicit'

DIALOGVS
DE ORATORIBVS

REC. M. WINTERBOTTOM

SIGLA

B Vaticanus latinus 1862
   *B*¹ idem nondum correctus
   *B*² idem eadem manu correctus   } similiter *E*², *Q*², *S*²

Γ consensus codicum *Cφ*
   C Vaticanus latinus 1518
   φ consensus codicum *Qψ*
     Q Marcianus 4266
     ψ fons deperditus codicum horum:[1]
       S Neapolitanus IV B 4 bis
       U Urbinas latinus 1194 (deficit 27, 1)
         Vaticanus latinus 2964 (incipit 26, 6)
         Harleianus 2639
         Baltimorensis Walters Gallery 466

ζ consensus codicum *EV*
   E Ottobonianus latinus 1455
   V Vindobonensis s.n. 2960
     *V*² corrector nescioquis

N Bruxellensis 9145 (deficit 5, 4)
   *N*² corrector nescioquis

laudatur etiam *b*   Leidensis Perizonianus XVIII Q 21
                *b*² corrector nescioquis

*B*ᵛ, *c*ᵛ varia lectio eadem manu adscripta
*B*ᵗ, *c*ᵗ lectio textus ubi varia lectio adscripta est

Asteriscus significat lectioni auxiliari aut Neapolitanum IV C 21 (= *c*) aut Vaticanum latinum 4498 (aut utrumque codicem)

Omnes quos laudo codices saeculo quinto decimo scripti sunt

  [1] *ψ* significat consentire aut tres horum codicum aut omnes, *ψ.?* consentire duo.

CORNELII TACITI

DIALOGVS DE ORATORIBVS

Saepe ex me requiris, Iuste Fabi, cur, cum priora saecula 1
tot eminentium oratorum ingeniis gloriaque floruerint,
nostra potissimum aetas deserta et laude eloquentiae orbata
vix nomen ipsum oratoris retineat; neque enim ita appel-
5 lamus nisi antiquos, horum autem temporum diserti causi-
dici et advocati et patroni et quidvis potius quam oratores
vocantur. cui percontationi tuae respondere, et tam magnae 2
quaestionis pondus excipere ut aut de ingeniis nostris male
existimandum ⟨sit⟩ si idem adsequi non possumus aut
10 de iudiciis si nolumus, vix hercule auderem si mihi mea
sententia proferenda ac non disertissimorum, ut nostris
temporibus, hominum sermo repetendus esset, quos
eandem hanc quaestionem pertractantes iuvenis admodum
audivi. ita non ingenio sed memoria et recordatione opus 3
15 est, ut quae a praestantissimis viris et excogitata subtiliter
et dicta graviter accepi, cum singuli diversas †vel easdem†
sed probabiles causas adferrent, dum formam sui quisque
et animi et ingenii redderent, isdem nunc numeris isdemque

CORNELI TACITI INCIPIT DIALOGVS DE ORATORIBVS *B*: C. Cornelii taciti
dialogus de oratoribus *C**: c. cornlii (*sic*) taciti eqvitis romani
dialogvs ꝺe oratoribvs incipit *Q* (*et similiter ψ?*): cornelii taciti
dialogvs incipit de oratoribvs et poetis *E*: incipit dialogvs de
oratoribvs (eiusdem Cornelii Taciti *mg.*) *V*: Cor. Taciti dialogus de
Oratoribus feliciter incipit *N*. *His confirmatur id quod de Hersfeldensi codice
testatur Decembrius:* 'Cornelii taciti dialogus de oratoribus incipit'
    4–5 appellamus *S*: appellemus *BΓ*ζN*   9 sit si *Lips.* (*tamquam e
Farnesiano*): si *BΓ*ζN*: sit *U*   16 uel easdem *BΓ*N*: dem *E* (*spatio
relicto*): quidem *V, non ineleganter*: *del. Muretus, Lips.* (diversas sed easdem
prob. *Acidalius*: diversas eas quidem sed prob. *Baehrens*)   17 afferrent
Bψ*N: afferent *CQ*: om. *E* (*spatio relicto*), *V*   18 redderent *BQ*:
redderet *C*ψ*: reddent *E*: reddênt *V*: reddunt *N*

4 rationibus persequar, servato ordine disputationis: neque enim defuit qui diversam quoque partem susciperet ac multum vexata et inrisa vetustate nostrorum temporum eloquentiam antiquorum ingeniis anteferret.

2   Nam postero die quam Curiatius Maternus Catonem 5 recitaverat, cum offendisse potentium animos diceretur, tamquam in eo tragoediae argumento sui oblitus tantum Catonem cogitasset, eaque de re per urbem frequens sermo haberetur, venerunt ad eum M. Aper et Iulius Secundus, celeberrima tum ingenia fori nostri, quos ego utrosque non 10 modo in iudiciis studiose audiebam, sed domi quoque et in publico adsectabar mira studiorum cupiditate et quodam ardore iuvenili, ut fabulas quoque eorum et disputationes et arcana semotae dictionis penitus exciperem: quamvis maligne plerique opinarentur nec Secundo promptum esse 15 sermonem et Aprum ingenio potius et vi naturae quam
2 institutione et litteris famam eloquentiae consecutum; nam et Secundo purus et pressus et, in quantum satis erat, profluens sermo non defuit, et Aper omni eruditione inbutus contemnebat potius litteras quam nesciebat, tam- 20 quam maiorem industriae et laboris gloriam habiturus si ingenium eius nullis alienarum artium adminiculis inniti videretur.

3   Igitur ut intravimus cubiculum Materni, sedentem ipsum, quem pridie recitaverat librum inter manus habentem de- 25 prehendimus.

2   Tum Secundus 'nihilne te,' inquit, 'Materne, fabulae malignorum terrent quo minus offensas Catonis tui ames? an ideo librum istum adprehendisti ut diligentius retracta- res et, sublatis si qua pravae interpretationi materiam 30

---

1 persequar *ψ*: prosequar *BC*QζN*   10–11 utrosque non modo in iudiciis *Gudeman*: in iudiciis non utrosque (uerosque *C*) modo *BΓ*ζN*: utrosque non in iudiciis modo *Schopen*: *alii alia*   14 semot(a)e dictionis *BΓ*N*: ditionis *ζ* (*spatio relicto*): eruditionis *V²*   acciperem *ζ* 19 omni *ζ*N*: cum *BΓ*   21 gratiam *N*   22 inniti *BC**: adniti *BᵛφζN*   24 ipsum ⟨ac⟩ *E*: ipsum ⟨et⟩ *Lips.* (*e 'Romano codice'*): ipsumque *Haupt*   25 intra *BΓ*ζN*: *corr. Cuiacius*

dederunt, emitteres Catonem non quidem meliorem sed
tamen securiorem?'

Tum ille: 'leges tu quid Maternus sibi debuerit, et agno- 3
sces quae audisti. quod si qua omisit Cato, sequenti recita-
5 tione Thyestes dicet: hanc enim tragoediam disposui iam
et intra me ipse formavi, atque ideo maturare libri huius
editionem festino ut dimissa priore cura novae cogitationi
toto pectore incumbam.'

'Adeo te tragoediae istae non satiant' inquit Aper 'quo 4
10 minus omissis orationum et causarum studiis omne tempus
modo circa Medeam, ecce nunc circa Thyesten consumas,
cum te tot amicorum causae, tot coloniarum et municipiorum clientelae in forum vocent, quibus vix suffeceris
etiam si non novum tibi ipse negotium inportasses, ⟨ut⟩
15 Domitium et Catonem, id est nostras quoque historias et
Romana nomina, Graeculorum fabulis adgregares.'

Et Maternus: 'perturbarer hac tua severitate nisi frequens 4
et adsidua nobis contentio iam prope in consuetudinem vertisset: nam nec tu agitare et insequi poetas intermittis et ego,
20 cui desidiam advocationum obicis, cotidianum hoc patro-
cinium defendendae adversus te poeticae exerceo. quo laetor 2
magis oblatum nobis iudicem qui me vel in futurum vetet
versus facere vel, quod iam pridem opto, sua quoque auctoritate compellat ut omissis forensium causarum angustiis,
25 in quibus mihi satis superque sudatum est, sanctiorem illam
et augustiorem eloquentiam colam.'

'Ego vero,' inquit Secundus, 'antequam me iudicem 5
Aper recuset, faciam quod probi et modesti iudices solent,
ut in iis cognitionibus excusent in quibus manifestum
30 est alteram apud eos partem gratia praevalere. quis enim 2

---

3 *locum iniuria vexatum interpretatus est e.g. Valmaggi, Riv. di fil. 18
(1890), 246–8*   14 ut *add. Niebuhr*   16 aggregares *BΓ*N:*
aggregarem ζ(adg- *V*) : aggregare *Muretus (sine* ut)   25 illam ζ*N:
istam *BΓ*   26 angustiorem *C*ψ?*   28 modesti *Γ*ζN:*
moderati *B*   29 iis *N*:* his βφ(*def. C*)ζ   cogitationibus ψ?*(*def.
C*)   ⟨se⟩ excusent *Pithoeus*

nescit neminem mihi coniunctiorem esse et usu amicitiae
et adsiduitate contubernii quam Saleium Bassum, cum
optimum virum tum absolutissimum poetam? porro si
poetica accusatur, non alium video reum locupletiorem.'

3 'Securus sit' inquit Aper 'et Saleius Bassus et quisquis alius 5
studium poeticae et carminum gloriam fovet cum causas
4 agere non possit. [et] ego enim, quatenus arbitrum litis
huius †inveniri†, non patiar Maternum societate plurium
defendi, sed ipsum solum apud †eos† arguam, quod natus
ad eloquentiam virilem et oratoriam, qua parere simul et 10
tueri amicitias, adsciscere necessitudines, complecti provincias possit, omittit studium quo non aliud in civitate
nostra vel ad utilitatem fructuosius ⟨vel ad voluptatem
dulcius⟩ vel ad dignitatem amplius vel ad urbis famam
pulchrius vel ad totius imperii atque omnium gentium 15
notitiam inlustrius excogitari potest.

5 'Nam si ad utilitatem vitae omnia consilia factaque nostra
derigenda sunt, quid est tutius quam eam exercere artem
qua semper armatus praesidium amicis, opem alienis,
salutem periclitantibus, invidis vero et inimicis metum 20
et terrorem ultro ferat, ipse securus et velut quadam
6 perpetua potentia ac potestate munitus? cuius vis et utilitas
rebus prospere fluentibus aliorum perfugio et tutela intel-
legitur; sin proprium periculum increpuit, non hercule
lorica et gladius in acie firmius munimentum quam reo et 25
periclitanti eloquentia, praesidium simul ac telum quo
propugnare pariter et incessere sive in iudicio sive in senatu

---

5 alium $C*\psi$?   7 et *del. Pithoeus (improbante e.g. Reitzenstein*)
8 invenire (*sic C*) ⟨non contigit⟩ *Andresen*: invenimus *A. Wagener* (inveni
Pithoeus): *alii alia*   plurimum $B\Gamma*\zeta N$: *corr. Pithoeus*   9 eos $B\phi*\zeta N$:
ipsos *C*: vos *Lips.*: *fort.* te (te eo *Muretus*)   11 necessitudines $C*Q\zeta$:
necessitates *BN*: na(rra)tiones ψ 12 omittit *Rhen.*: amitti $B\Gamma*\zeta N$
(amittit N^2)   13–14 *suppl. Ritter post Schultingh*   15 pulchrius]
hinc deficit N   17 factaque $Q\psi$?*E*: fataque $BC*V$ nostra $C\psi EV^2$:
per nostra $BQ*V^1$ 18 dirigenda $B\Gamma*\zeta$ 21 feras *Lips.*,
fort. recte   23 profugio *B*   25 lorica et (aut *Rhen.*) *Seebode*:
loric(a)e $B\Gamma*\zeta$ 27 sive[1] *Muretus*: uel $B\Gamma*\zeta$

sive apud principem possis. quid aliud infestis patribus 7
nuper Eprius Marcellus quam eloquentiam suam opposuit,
qua accinctus et minax disertam quidem sed inexercitatam
et eius modi certaminum rudem Helvidi sapientiam elusit?
5 plura de utilitate non dico, cui parti minime contra dictu-
rum Maternum meum arbitror.

'Ad voluptatem oratoriae eloquentiae transeo, cuius 6
iucunditas non uno aliquo momento sed omnibus prope
diebus ac prope omnibus horis contingit. quid enim dulcius 2
10 libero et ingenuo animo et ad voluptates honestas nato
quam videre plenam semper et frequentem domum suam
concursu splendidissimorum hominum, idque scire non
pecuniae, non orbitati, non officii alicuius administrationi
sed sibi ipsi dari, ipsos quin immo orbos et locupletes et
15 potentes venire plerumque ad iuvenem et pauperem ut aut
sua aut amicorum discrimina commendent? ullane tanta in- 3
gentium opum ac magnae potentiae voluptas quam spectare
homines veteres et senes et totius orbis gratia subnixos
in summa rerum omnium abundantia confitentes id quod
20 optimum sit se non habere? iam vero qui togatorum comi- 4
tatus et egressus, quae in publico species, quae in iudiciis
veneratio, quod illud gaudium consurgendi adsistendique
inter tacentes et in unum conversos, coire populum et
circumfundi coram et accipere adfectum quemcumque
25 orator induerit! vulgata dicentium gaudia et imperitorum 5
quoque oculis exposita percenseo. illa secretiora et tantum
ipsis orantibus nota maiora sunt: sive accuratam meditatam-
que profert orationem, est quoddam sicut ipsius dictionis ita
gaudii pondus et constantia; sive novam et recentem curam

2 eprius *b mg., Put.*: prius $B\Gamma*\zeta$ 3 qua *Ursinus*: qui $B\Gamma*\zeta$ 5 parti
*b**: partim $B\Gamma\zeta$ 8 iocunditas $\phi*\zeta$: inconditas *C*: iocunditatis *B*
prope *del. Andresen*   13 non² *B*: neque $\Gamma*\zeta$ administrationi
b (*vel b²*): administrationis $BC*\zeta$: administrandis ϕ 14 ipsos *Haase*:
illos $\phi*\zeta$: istos *BC*   18 veteres] divites *Heinsius*: *del. Acidalius*
22 illud $Q*\zeta$: id *BC**: *om. ψ*   24 quemcumque (*vel sim.*) $C*Q\zeta$:
quacunque *ψ*: quandocumque *B*   25 indueret *B*   27 maiora
sunt *del. Acidalius*   28 profert *B*: proferre *C*: affert ϕ: perfert $\zeta*$

non sine aliqua trepidatione animi attulerit, ipsa sollicitudo
6 commendat eventum et lenocinatur voluptati; sed ex-
temporalis audaciae atque ipsius temeritatis vel praecipua
iucunditas est, nam ingenio quoque, sicut in agro, quamquam alia diu serantur atque elaborentur, gratiora tamen 5
quae sua sponte nascuntur.

7　'Equidem, ut de me ipso fatear, non eum diem laetiorem
egi quo mihi latus clavus oblatus est vel quo homo novus et
in civitate minime favorabili natus quaesturam aut tribunatum aut praeturam accepi quam eos quibus mihi pro 10
mediocritate huius quantulaecumque in dicendo facultatis
aut reum prospere defendere aut apud centumviros causam
aliquam feliciter orare aut apud principem ipsos illos
libertos et procuratores principum tueri et defendere datur.
2 tum mihi supra tribunatus et praeturas et consulatus ascen- 15
dere videor, tum habere quod, si non †in alio† oritur, nec
codicillis datur nec cum gratia venit.

3　'Quid? fama et laus cuius artis cum oratorum gloria
comparanda est? quin inlustres sunt in urbe non solum apud
negotiosos et rebus intentos sed etiam apud iuvenes et 20
adulescentes, quibus modo recta indoles est et bona spes sui.
4 quorum nomina prius parentes liberis suis ingerunt? quos
saepius vulgus quoque imperitum et tunicatus hic populus
transeuntes nomine vocat et digito demonstrat? advenae
quoque et peregrini iam in municipiis et coloniis suis 25
auditos, cum primum urbem attigerunt, requirunt ac velut
agnoscere concupiscunt.

8　'Ausim contendere Marcellum hunc Eprium, de quo modo

---

1 animus *BΓ*ζ*: *corr. Acidalius*　　　4 ⟨in⟩ ingenio *b²* (*iniuria*)
5 alia *Bφζ*: *om. C**: grata sint quae *Novák*: *alii alia*　　12 ⟨apud
patres⟩ reum *Michaelis*　　16 habere *Muretus*: abire *BΓ*ζ*: adire
Lenchantin　　in alio *BΓ*E*: in albo *V*: in alvo *Pithoeus*: ultro *anon.*
(*Athenaeum 1894*): *alii alia*　　19 quin *scripsi dubitanter*: qui non *BΓ*ζ*:
quinam (illustriores) *Orelli*: quid? non *Roth*　　sunt *Schopen*: et *BΓ*ζ*
(*quod deleverat Put.*)　　21 indoles *E*: et indoles *BΓ*V*　　est *BΓ**:
om. ζ: sit *Michaelis*　　22 nomina *Γ*ζ*: non *B*　　28 eprium
Vat. lat. 4498: eproprium *BΓ*ζ*　de *supra lineam E, om. V*

locutus sum, et Crispum Vibium (libentius enim novis
et recentibus quam remotis et oblitteratis exemplis utor)
non minus ⟨notos⟩ esse in extremis partibus terrarum
quam Capuae aut Vercellis, ubi nati dicuntur. nec hoc illis 2
5 ⟨alterius bis⟩, alterius ter milies sestertium praestat, quamquam ad has ipsas opes possunt videri eloquentiae beneficio
venisse, ⟨sed⟩ ipsa eloquentia, cuius numen et caelestis vis
multa quidem omnibus saeculis exempla edidit ad quam
usque fortunam homines ingenii viribus pervenerint, sed
10 haec, ut supra dixi, proxima et quae non auditu cognoscenda
sed oculis spectanda haberemus. nam quo sordidius et ab- 3
iectius nati sunt quoque notabilior paupertas et angustiae
rerum nascentes eos circumsteterunt, eo clariora et ad de-
monstrandam oratoriae eloquentiae utilitatem inlustriora
15 exempla sunt, quod sine commendatione natalium, sine
substantia facultatum, neuter moribus egregius, alter habitu
quoque corporis contemptus, per multos iam annos poten-
tissimi sunt civitatis ac, donec libuit, principes fori, nunc
principes in Caesaris amicitia agunt feruntque cuncta atque
20 ab ipso principe cum quadam reverentia diliguntur, quia
Vespasianus, venerabilis senex et patientissimus veri, bene
intellegit [et] ceteros quidem amicos suos iis niti quae ab ipso
acceperint quaeque ipsi accumulare et in alios congerere
promptum est, Marcellum autem et Crispum attulisse ad
25 amicitiam suam quod non a principe acceperint nec accipi
possit. minimum inter tot ac tanta locum obtinent imagines 4
ac tituli et statuae, quae neque ipsa tamen negleguntur, tam
hercule quam divitiae et opes, quas facilius invenies qui
vituperet quam qui fastidiat. his igitur et honoribus et orna-
30 mentis et facultatibus refertas domos eorum videmus qui se

3 notos *suppl. Ursinus*: *alii alia*   5 alterius bis *Pichenae iniuria
tribuit Michaelis* (*cf. schol. ad Juv. 4, 81*)   7 sed *suppl. Lips.*
8 quam *BC**: quantam φ: quantum ζ   12 quoque *b*: quosque
BΓ*ζ   12–13 angustiae rerum (rerum *iam Put.*) *Lips.*: angustia
ereptum *BΓ*ζ*   22 et *del. Put.*   iis *C**: his *Bφζ*   23 ipsis
BΓ*ζ: *corr. Lips., Pithoeus*   24 est *BΓ*ζ*: sit *Halm*   26 possit
BΓ*: possint ζ*   27 negliguntur *BΓ**: nec leguntur *E*: ne deguntur *V*

ab ineunte adulescentia causis forensibus et oratorio studio dederunt.

9 'Nam carmina et versus, quibus totam vitam Maternus insumere optat (inde enim omnis fluxit oratio), neque dignitatem ullam auctoribus suis conciliant neque utilitates alunt, 5 voluptatem autem brevem, laudem inanem et infructuosam

2 consequuntur. licet haec ipsa et quae deinde dicturus sum aures tuae, Materne, respuant, cui bono est si apud te Agamemnon aut Iason diserte loquitur? quis ideo domum defensus et tibi obligatus redit? quis Saleium nostrum, 10 egregium poetam vel, si hoc honorificentius est, praeclaris-

3 simum vatem, deducit aut salutat aut prosequitur? nempe si amicus eius, si propinquus, si denique ipse in aliquod negotium inciderit, ad hunc Secundum recurret aut ad te, Materne, non quia poeta es neque ut pro eo versus facias; 15 hi enim Basso domi nascuntur, pulchri quidem et iucundi, quorum tamen hic exitus est, ut cum toto anno, per omnes dies, magna noctium parte unum librum excudit et elucubravit, rogare ultro et ambire cogatur ut sint qui dignentur audire, et ne id quidem gratis: nam et domum mutuatur 20 et auditorium extruit et subsellia conducit et libellos

4 dispergit. et ut beatissimus recitationem eius eventus prosequatur, omnis illa laus intra unum aut alterum diem, velut in herba vel flore praecerpta, ad nullam certam et solidam pervenit frugem, nec aut amicitiam inde refert aut 25 clientelam aut mansurum in animo cuiusquam beneficium, sed clamorem vagum et voces inanes et gaudium volucre.

5 laudavimus nuper ut miram et eximiam Vespasiani liberalitatem, quod quingenta sestertia Basso donasset. pulchrum id quidem, indulgentiam principis ingenio 30 mereri: quanto tamen pulchrius, si ita res familiaris exigat, se ipsum colere, suum genium propitiare, suam experiri

7 deinde $C*Q\zeta$: deinceps B: *om.* ψ?   10 saleium $\psi*\zeta$: saltium $C(Q)$: caeleium B 13 eius $C*Q\zeta$: est $B\psi$ 17 tam B 18 extudit B^1E^1V 23 ista B 24 praecerpta *Schele*: praecepta $C*Q\psi?V$: percepta $B\psi?E$ 32 genium *Lips.*: ingenium $B\Gamma*\zeta$

liberalitatem! adice quod poetis, si modo dignum aliquid 6
elaborare et efficere velint, relinquenda conversatio amicorum et iucunditas urbis, deserenda cetera officia, utque
ipsi dicunt in nemora et lucos, id est in solitudinem,
5 recedendum est.

'Ne opinio quidem et fama, cui soli serviunt et quod unum 10
esse pretium omnis laboris sui fatentur, aeque poetas quam
oratores sequitur, quoniam mediocris poetas nemo novit,
bonos pauci. quando enim rarissimarum recitationum fama 2
10 in totam urbem penetrat, nedum ut per tot provincias in-
notescat? quotus quisque, cum ex Hispania vel Asia, ne quid
de Gallis nostris loquar, in urbem venit, Saleium Bassum
requirit?—atque adeo si quis requirit, ut semel vidit, transit
et contentus est, ut si picturam aliquam vel statuam vidisset.

15 'Neque hunc meum sermonem sic accipi volo tamquam 3
eos quibus natura sua oratorium ingenium denegavit de-
terream a carminibus, si modo in hac studiorum parte
oblectare otium et nomen inserere possunt famae. ego 4
vero omnem eloquentiam omnesque eius partes sacras et
20 venerabiles puto, nec solum coturnum vestrum aut heroici
carminis sonum, sed lyricorum quoque iucunditatem et
elegorum lascivias et iamborum amaritudinem et epigram-
matum lusus et quamcumque aliam speciem eloquentia
habeat anteponendam ceteris aliarum artium studiis credo.
25 sed tecum mihi, Materne, res est, quod, cum natura tua in 5
ipsam arcem eloquentiae ⟨te⟩ ferat, errare mavis et summa
adepturus in levioribus subsistis. ut si in Graecia natus esses,
ubi ludicras quoque artis exercere honestum est, ac tibi

1 liberalitatem *E*[1] (*felici errore*): libertatem *BΓ*E*[2]*V* (*ut CQ supra*)
5 secedendum *Schele, fort. recte*   7 omnis *BE*: omnes *Γ*V*   aeque
Put.: atque *BΓ*ζ*   8 insequitur *B ante corr.*   9 ⟨vel⟩ prae-
clarissimarum *Halm*: *fort.* beatissimarum   10 nedum *b*[2]: medium
*BC*Q*(corruptius ψ)ζ*   12 Galliis *Schultingh*   13 ut *Acidalius*:
et *BΓ*ζ*   22 elegiorum *B*: elegarum *V*   et[2] *S*: om. *BΓ*ζ*
24 ceteris aliarum *quibusdam suspec um* (*at cf. Germ. 4*)   26 arcem
ζ: artem *BΓ**   te *add. hic V*[2], *Acidalius* (*post* tua *S*)   27 adeptus
*BΓ*ζ*: corr. *Acidalius*

Nicostrati robur ac vires di dedissent, non paterer im-
manes illos et ad pugnam natos lacertos levitate iaculi aut
iactu disci vanescere, sic nunc te ab auditoriis et theatris in
forum et ad causas et ad vera proelia voco, cum praesertim
ne ad illud quidem confugere possis quod plerisque patro- 5
cinatur, tamquam minus obnoxium sit offendere poetarum
6 quam oratorum studium: effervescit enim vis pulcherrimae
naturae tuae, nec pro amico aliquo sed, quod periculosius
est, pro Catone offendis. nec excusatur offensa necessitudine
officii aut fide advocationis aut fortuitae et subitae dictionis 10
impetu: meditatus videris [aut] elegisse personam notabilem
7 et cum auctoritate dicturam. sentio quid responderi possit:
hinc ingentis †ex his† adsensus, haec in ipsis auditoriis
praecipue laudari et mox omnium sermonibus ferri. tolle
igitur quietis et securitatis excusationem, cum tibi sumas 15
8 adversarium superiorem. nobis satis sit privatas et nostri
saeculi controversias tueri, in quibus [expressis] si quando
necesse sit pro periclitante amico potentiorum aures offendere et probata sit fides et libertas excusata.'
11   Quae cum dixisset Aper acrius, ut solebat, et intento ore, 20
remissus et subridens Maternus 'parantem' inquit 'me non
minus diu accusare oratores quam Aper laudaverat (fore
enim arbitrabar ut a laudatione eorum digressus detrectaret
poetas atque carminum studium prosterneret) arte quadam
mitigavit, concedendo iis qui causas agere non possent ut 25
2 versus facerent. ego autem sicut in causis agendis efficere
aliquid et eniti fortasse possum, ita recitatione tragoediarum.
et ingredi famam auspicatus sum cum quidem †in Nerone†

   2 illos φ*ζ: istos *BC*   7, 9 efferuescit ... offendis *b*: efferuescet ...
offendes *BΓ**ζ   11 aut *del. Put.*   13 hinc *b* (*vel b²*) : hic *BΓ**ζ   ex
his *BΓ**ζ: *del. Gesner*: existere *Muretus*: exciri *Wolf*   h(a)ec ζ* : hoc *CQ*:
hic *Bψ?*   17 expressis (expraesis *C*) *BΓ*: expressit (et expressit *V*) *post*
sit ζ: *del. Heumann* (*sed unde hoc verbum, non liquet*)   21 parantem inquit
Walther: parant enim quid (quid *V*) ζ* : parant quid enim *BΓ*   23 de-
tractaret *Bφ**ζ: detractare *C*   25 h(i)is *Γ*   27 *distinxit Stroux*:
tragoediarum et ... fregi ⟨et⟩ hodie *Lips.* (*tamquam e Romano codice*)   28 in
nerone *Γ**ζ: in neronem *B*: imperante Nerone *L. Müller*

improbam et studiorum quoque sacra profanantem Vatini
potentiam fregi; hodie si quid in nobis notitiae ac nominis
est, magis arbitror carminum quam orationum gloria
partum. ac iam me deiungere a forensi labore constitui, nec 3
5 comitatus istos et egressus aut frequentiam salutantium
concupisco, non magis quam aera et imagines, quae etiam
me nolente in domum meam inruperunt. nam statum 4
cuiusque ac securitatem melius innocentia tuetur quam
eloquentia; nec vereor ne mihi umquam verba in senatu
10 nisi pro alterius discrimine facienda sint.

'Nemora vero et luci et secretum ipsum, quod Aper incre- 12
pabat, tantam mihi adferunt voluptatem ut inter praecipuos
carminum fructus numerem quod non in strepitu nec
sedente ante ostium litigatore nec inter sordes ac lacrimas
15 reorum componuntur, sed secedit animus in loca pura atque innocentia fruiturque sedibus sacris. haec eloquentiae 2
primordia, haec penetralia; hoc primum habitu cultuque
commoda mortalibus in illa casta et nullis contacta vitiis
pectora influxit: sic oracula loquebantur. nam lucrosae
20 huius et sanguinantis eloquentiae usus recens et ex malis
moribus natus atque, ut tu dicebas, Aper, in locum teli
repertus. ceterum felix illud et, ut more nostro loquar, 3
aureum saeculum, et oratorum et criminum inops, poetis et
vatibus abundabat, qui bene facta canerent, non qui male ad-
25 missa defenderent. nec ullis aut gloria maior aut augustior 4
honor primum apud deos, quorum proferre responsa et interesse epulis ferebantur, deinde apud illos dis genitos sacros-
que reges, inter quos neminem causidicum sed Orphea et

---

1 Vatinii *Gronovius*: uaticinii *BΓ*ζ*   2 nominis *ψ?*: numinis
BC*ζ: miñis *Q*   4 diiungere *S*   5 salutationum *BΓ*ζ*: *corr.*
Schele   8 ac . . . tuetur *Pich. post Lipsium*: ad . . . tueor *BΓ*ζ*
13 strepitu ⟨urbis⟩ *Schopen*   15 secedit *BᵛΓ**: sedit *Bζ**   17 hoc
Bζ: haec *Γ**   18 in illa *Γ*ζ*: et ista *B*   20 ex *ζ**: *om. BΓ*
25 ullis *C*ζ*: ullus *BQ*: illud *ψ*   maior *Lips.*: more *BQ*E* (*spatiis relictis*):
in ore *C**, *V* (*spatio relicto*), *Bᵛ*: clamore *ψ*: maior erat *Ritter*   augustior
C*: angusti(a)e *ψ*   27 istos *B*   28 causidicorum *BΓ*ζ*: *corr.*
Heumann   et *V**: ac *BΓE* (*quo recepto* Linum et si *Gudeman*)

Linum ac, si introspicere altius velis, ipsum Apollinem ac-
5 cepimus. vel, si haec fabulosa nimis et composita videntur,
illud certe mihi concedes, Aper, non minorem honorem
Homero quam Demostheni apud posteros, nec angustioribus
terminis famam Euripidis aut Sophoclis quam Lysiae aut 5
6 Hyperidis includi. plures hodie reperies qui Ciceronis
gloriam quam qui Vergili detrectent, nec ullus Asini aut
Messalae liber tam inlustris est quam Medea Ovidi aut Varii
Thyestes.

13　'Ac ne fortunam quidem vatum et illud felix contuber- 10
nium comparare timuerim cum inquieta et anxia oratorum
vita. licet illos certamina et pericula sua ad consulatus
evexerint, malo securum et quietum Vergili secessum, in quo
tamen neque apud divum Augustum gratia caruit neque
2 apud populum Romanum notitia. testes Augusti epistulae, 15
testis ipse populus, qui auditis in theatro Vergili versi-
bus surrexit universus et forte praesentem spectantemque
3 Vergilium veneratus est sic quasi Augustum. ne nostris
quidem temporibus Secundus Pomponius Afro Domitio vel
4 dignitate vitae vel perpetuitate famae cesserit. nam Crispus 20
iste et Marcellus, ad quorum exempla me vocas, quid habent
in hac sua fortuna concupiscendum: quod timent, an quod
timentur? quod, cum cotidie aliquid rogentur, ii quibus
praestant indignantur? quod alligati cum adulatione nec
imperantibus umquam satis servi videntur nec nobis satis 25
liberi? quae haec summa eorum potentia est? tantum posse
liberti solent.

5　'"Me vero dulces" (ut Vergilius ait) "Musae", remotum a
sollicitudinibus et curis et necessitate cotidie aliquid contra

1 uelis *Bφ**: uelis uel *C*: uel ζ　　3 istud *B*　　concedes *Borg. lat.*
413 (*ut coni. Acidalius*): concedis *BΓ**ζ　　4 posteros ⟨esse⟩ *Novák*
10, 12 istud … istos *B*　　12 ad *Lips.*: et *BΓ**ζ: ⟨ad praeturas⟩ et
tempt. Vahlen, John　　consulatus ζ*: cent' *B*: conuentus *C*: con^{tus} *Q*
(*corruptius ψ*)　　18 Vergilium *del. Ernesti*　　23 aliquid *C*:
aliqui *Bφ**ζ　　ii *BQ** (*de ψ non constat*): in *C*: hi ζ　　quibus ⟨non⟩
Lips. ('*etsi abesse alterum membrum sentio periodo plenae*')　　24 cum
vix sanum　　28 *Georg. 2. 475*

animum faciendi, in illa sacra illosque fontis ferant, nec
insanum ultra et lubricum forum famamque pallentem
trepidus experiar. non me fremitus salutantium nec anhelans 6
libertus excitet, nec incertus futuri testamentum pro pignore
5 scribam, nec plus habeam quam quod possim cui velim
relinquere (quandoque enim fatalis et meus dies veniet):
statuarque tumulo non maestus et atrox sed hilaris et coro-
natus, et pro memoria mei nec consulat quisquam nec roget.'

Vixdum finierat Maternus, concitatus et velut instinctus, 14
10 cum Vipstanus Messala cubiculum eius ingressus est, suspi-
catusque ex ipsa intentione singulorum altiorem inter eos
esse sermonem 'num parum tempestivus' inquit 'interveni
secretum consilium et causae alicuius meditationem tractan-
tibus?'

15 'Minime, minime,' inquit Secundus, 'atque adeo vellem 2
maturius intervenisses; delectasset enim te et Apri nostri
accuratissimus sermo, cum Maternum ut omne ingenium ac
studium suum ad causas agendas converteret exhortatus est,
et Materni pro carminibus suis laeta utque poetas defendi
20 decebat audentior et poetarum quam oratorum similior
oratio.'

'Me vero' inquit 'et sermo iste infinita voluptate adfecisset, 3
atque id ipsum delectat, quod vos, viri optimi et temporum
nostrorum oratores, non forensibus tantum negotiis et
25 declamatorio studio ingenia vestra exercetis, sed eius modi
etiam disputationes adsumitis quae et ingenium alunt et

---

1 in] ad *Baehrens* ista . . . istosque *B*   2 pal(l)entem φ: pal-
lantem *B**: palantem *C*ζ: fallacem *Bötticher*   6 ueniet φ: ueniat
*BC**ζ: versum (*ipsius Materni?*) *agnovit Heller*   7 statuar *Orelli, omisso*
enim (*quod del. Put.*)   9 stinctus ζ*   10 cum *U*: tum
*B*Γ*ζ   Vipstanus *Ernesti*: uibanius *BC*Q*ζ: urbanius ψ   messala
φ*ζ: messalla *B**: mesalla *C* (*similis variatio alibi*)   15 minime *semel*
E, V(?)   18 exhortatus ψ?: et hortatus *BC*Q*ζ   19 utque
*B²Q**ζ: utrique *B¹*: uterque *C*ψ   defendi ⟨poetas⟩ *B*   20 decebat
BC*Q: docebat ψζ*   22 uero φ: uere *BC**ζ   et *del. Halm, de-*
fendit Reitzenstein   iste *U*: ipse *B*Γ*ζ (*prob. Persson*)   23 et
⟨optimi⟩ *Muretus*

eruditionis ac litterarum iucundissimum oblectamentum
cum vobis qui illa disputatis adferunt, tum etiam iis ad
4 quorum aures pervenerint. itaque hercule non minus pro-
bari video in te, Secunde, quod Iuli Africani vitam com-
ponendo spem hominibus fecisti plurium eius modi librorum 5
quam in Apro ⟨improbari⟩ quod nondum ab scholasticis
controversiis recessit et otium suum mavult novorum
rhetorum more quam veterum oratorum consumere.'

15 Tum Aper: 'non desinis, Messala, vetera tantum et
antiqua mirari, nostrorum autem temporum studia inridere 10
atque contemnere. nam hunc tuum sermonem saepe excepi,
cum oblitus et tuae et fratris tui eloquentiae neminem hoc
tempore oratorem esse contenderes [antiquis], eo (credo)
audacius quod malignitatis opinionem non verebaris, cum
eam gloriam quam tibi alii concedunt ipse tibi denegares.' 15
2 'Neque illius' inquit 'sermonis mei paenitentiam ago,
neque aut Secundum aut Maternum aut te ipsum, Aper,
quamquam interdum in contrarium disputes, aliter sentire
credo. ac velim impetratum ab aliquo vestrum ut causas
huius infinitae differentiae scrutetur ac reddat, quas mecum 20
3 ipse plerumque conquiro. et quod quibusdam solacio est
mihi auget quaestionem, quia video etiam Graecis accidisse
ut longius absit ⟨ab⟩ Aeschine et Demosthene Sacerdos iste
Nicetes et si quis alius Ephesum vel Mytilenas concentu
scholasticorum et clamoribus quatit quam Afer aut Afri- 25
canus aut vos ipsi a Cicerone aut Asinio recessistis.'
16 'Magnam' inquit Secundus 'et dignam tractatu quaestio-

1 eruditionis *b* : eruditiones *BΓ*ζ*   2 illa *φζ* : iam *C** : ista *B*   his
Qψ?ζ   4 Africani *Nipperdey* : asiatici *BΓ*ζ*   5 plurimum *Γ**
6 *suppl. Andresen*   ab *BV* : a *Γ*E*   9 non *ψ* : num *BC*Qζ*
13 antiquis *del. Acidalius* : ⟨parem⟩ antiquis *Lips.* (⟨parem⟩ esse *Koestermann*)   14 malignitatis *Rhen.* : malignis iis *B* : maligne in hiis *C* :
malignus his *ψ* : maligni in his *Q(*)ζ*   15 ipse *b* : ipsi *BΓ*ζ*
21 inquiro *B*ᵛ (*et c*ᵛ)   22 Graecis *Dronke* : gratis *Bφ*ζ* : gratius *C* :
Graiis *Put.*   23 ab *suppl. Wesenberg*   24 Nicetes *Lips.* : enitet
BΓ*ζ : et Nicetes *Rohde*   concentu *Orelli* : concentus *BQE* : contentus
C*ψV

nem movisti. sed quis eam iustius explicabit quam tu, ad
cuius summam eruditionem et praestantissimum ingenium
cura quoque et meditatio accessit?'

Et Messala 'aperiam' inquit 'cogitationes meas si illud 2
5 a vobis ante impetravero, ut vos quoque sermonem hunc
nostrum adiuvetis.'

'Pro duobus' inquit Maternus 'promitto; nam et ego et 3
Secundus exequemur eas partes quas intellexerimus te non
tam omisisse quam nobis reliquisse: Aprum enim solere dis-
10 sentire et tu paulo ante dixisti et ipse satis manifestus est iam
dudum in contrarium accingi nec aequo animo perferre
hanc nostram pro antiquorum laude concordiam.'

'Non enim' inquit Aper 'inauditum et indefensum sae- 4
culum nostrum patiar hac vestra conspiratione damnari.
15 sed hoc primum interrogabo, quos vocetis antiquos, quam
oratorum aetatem significatione ista determinetis. ego enim 5
cum audio antiquos, quosdam veteres et olim·natos intellego,
ac mihi versantur ante oculos Ulixes et Nestor, quorum
aetas mille fere et trecentis annis saeculum nostrum ante-
20 cedit; vos autem Demosthenen et Hyperiden profertis,
quos satis constat Philippi et Alexandri temporibus floruisse,
ita tamen ut utrique superstites essent. ex quo apparet non 6
multo plures quam trecentos annos interesse inter nostram
et Demosthenis aetatem. quod spatium temporis si ad in-
25 firmitatem corporum nostrorum referas, fortasse longum
videatur, si ad naturam saeculorum ac respectum inmensi
huius aevi, perquam breve et in proximo est. nam si, ut 7
Cicero in Hortensio scribit, is est magnus et verus annus
quo eadem positio caeli siderumque quae cum maxime est
30 rursum existet, isque annus horum quos nos vocamus
annorum duodecim milia nongentos quinquaginta quattuor

---

1 movisti *Lips.*: mouistis *BΓ*ζ*   4 cognitiones *Qψ?ζ*   si *E*
supra lineam, *ψ?*: om. *BC*Qψ?V*   istud *B*   18 et *Γ*ζ*: ac *B*
20 profertis *C*ζ*: proferitis *B¹* (proferatis *B²*) : prosectis *Q(?)* : perficitis *ψ?*
23 quadringentos *Mercerus*   28 *Hort. frg. 80 Grilli*   31 non-
                                                                    tos
gentos *Ernesti*: dccc *Γ**: octingentos *ζ*: VCCC̄ *B*

complectitur, incipit Demosthenes [videtur], quem vos
veterem et antiquum fingitis, non solum eodem anno quo
nos sed †fama† eodem mense extitisse.

17 'Sed transeo ad Latinos oratores, in quibus non Menenium
(ut puto) Agrippam, qui potest videri antiquus, nostrorum 5
temporum disertis anteponere soletis, sed Ciceronem et
Caesarem et Caelium et Calvum et Brutum et Asinium et
Messalam: quos quid antiquis temporibus potius adscribatis
2 quam nostris non video. nam ut de Cicerone ipso loquar,
Hirtio nempe et Pansa consulibus, ut Tiro libertus eius 10
scripsit, VII idus ⟨Decembres⟩ occisus est, quo anno divus
Augustus in locum Pansae et Hirti se et Q. Pedium consules
3 suffecit. statue sex et quinquaginta annos, quibus mox divus
Augustus rem publicam rexit; adice Tiberi tres et viginti, et
prope quadriennium Gai, ac bis quaternos denos Claudi 15
et Neronis annos, atque illum Galbae et Othonis et Vitelli
longum et unum annum, ac sextam iam felicis huius principatus stationem qua Vespasianus rem publicam fovet:
centum et viginti anni ab interitu Ciceronis in hunc diem
4 colliguntur, unius hominis aetas. nam ipse ego in Britannia 20
vidi senem qui se fateretur ei pugnae interfuisse qua
Caesarem inferentem arma Britanni arcere litoribus et
pellere adgressi sunt. ita si eum, qui armatus C. Caesari re-
stitit, vel captivitas vel voluntas vel fatum aliquod in urbem
pertraxisset, aeque idem et Caesarem ipsum et Ciceronem 25
5 audire potuit et nostris quoque actionibus interesse. proximo

1 uidetur *BCQ*: uester (*vel* ūr) *ψζ** : *del. Halm*   3 sed fama *BC*Qψ ?*:
et fama sed *ζ** : sed fer(m)e *ψ ?*: set etiam *Michaelis*   4 menenium
E mg.: me nimium *BΓ*E¹V*   5 antiquus *ψ ?E*: antiquos *BC*Qψ ?V*
7 celium *Baltimorensis*: alium *BΓ*ζ*   9 ipse *C*ψ ?*   11 *suppl.*
Lips. (*lacunam indicaverat C**)   13 sex *Lips.*: nouem *BC*Qζ* (nouae
V ante corr.): octo *ψ*   16 illum *ζ*: istum *B*: ipsum *C**: unum *φ*
17 sextam *mutant qui rationem constare volunt*   18 quo *Steiner*
19 XX *C**: decem *Bφ*ζ* (*at cf. 24, 3*)   21 fateretur *BCψ*: fatentur *Q*: fatebatur *ζ**   ei *ζ*: et *BΓ**   22 britan(n)i(a)e *BΓ*ζ*:
corr. Ernesti   25 aeque idem *Nissen* (idem *Rhen.*): et quidem
BΓ*ζ

quidem congiario ipsi vidistis plerosque senes qui se a divo
quoque Augusto semel atque iterum accepisse congiarium
narrabant; ex quo colligi potest et Corvinum ab illis et 6
Asinium audiri potuisse—nam Corvinus in medium usque
5 Augusti principatum, Asinius paene ad extremum duravit:
ne dividatis saeculum et antiquos ac veteres vocetis oratores
quos eorundem hominum aures agnoscere ac velut con-
iungere et copulare potuerunt.

'Haec ideo praedixi ut si qua ex horum oratorum fama 18
10 gloriaque laus temporibus adquiritur, eam docerem in
medio sitam et propiorem nobis quam Servio Galbae aut
C. Carboni quosque alios merito antiquos vocaverimus; sunt
enim horridi et inpoliti et rudes et informes et quos utinam
nulla parte imitatus esset Calvus vester aut Caelius aut ipse
15 Cicero. agere enim fortius iam et audentius volo, si illud 2
ante praedixero, mutari cum temporibus formas quoque et
genera dicendi. sic Catoni seni comparatus C. Gracchus
plenior et uberior, sic Graccho politior et ornatior Crassus,
sic utroque distinctior et urbanior et altior Cicero, Cicerone
20 mitior Corvinus et dulcior et in verbis magis elaboratus.
nec quaero quis disertissimus: hoc interim probasse con- 3
tentus sum, non esse unum eloquentiae vultum, sed ⟨in⟩ illis
quoque quos vocatis antiquos plures species deprehendi,
nec statim deterius esse quod diversum est, vitio autem
25 malignitatis humanae vetera semper in laude, praesentia
in fastidio esse. num dubitamus inventos qui pro Catone 4
Appium Caecum magis mirarentur? satis constat ne
Ciceroni quidem obtrectatores defuisse, quibus inflatus et
tumens nec satis pressus sed supra modum exultans et super-
30 fluens et parum Atticus videretur. legistis utique et Calvi et 5
Bruti ad Ciceronem missas epistulas, ex quibus facile est
deprehendere Calvum quidem Ciceroni visum exsanguem

4–5 Asinius *et* Corvinus *transposuit Borghesi* (*sed ne sic quidem placet*)
10 eam *Halm*: eandem *BΓ*ζ*   15 istud *B*   22 in *b s.l.*: *om.*
*BΓ*ζ*   26 prae *Groslotius* (*magis del. Schurzfleisch*)   30 Atticus
Ursinus: antiquus *BΓ*E*: antiqus *V*   videtur *Γ***

et attritum, Brutum autem otiosum atque diiunctum, rursusque Ciceronem a Calvo quidem male audisse tamquam solutum et enervem, a Bruto autem, ut ipsius verbis
6 utar, tamquam fractum atque elumbem. si me interroges, omnes mihi videntur verum dixisse. sed mox ad singulos 5 veniam; nunc mihi cum universis negotium est.

19 'Nam quatenus antiquorum admiratores hunc velut terminum antiquitatis constituere solent †qui usque ad Cassium†, quem reum faciunt, quem primum adfirmant flexisse ab illa vetere atque derecta dicendi via, non in- 10 firmitate ingenii nec inscitia litterarum transtulisse se ad
2 illud dicendi genus contendo, sed iudicio et intellectu. vidit namque, ut paulo ante dicebam, cum condicione temporum et diversitate aurium formam quoque ac speciem orationis esse mutandam. facile perferebat prior ille populus, ut im- 15 peritus et rudis, impeditissimarum orationum spatia, atque
3 id ipsum laudabat si dicendo quis diem eximeret. iam vero longa principiorum praeparatio et narrationis alte repetita series et multarum divisionum ostentatio et mille argumentorum gradus et quidquid aliud aridissimis Hermagorae et 20 Apollodori libris praecipitur in honore erat. quod si quis odoratus philosophiam videretur atque ex ea locum aliquem
4 orationi suae insereret, in caelum laudibus ferebatur. nec mirum; erant enim haec nova et incognita, et ipsorum quoque oratorum paucissimi praecepta rhetorum aut philo- 25
5 sophorum placita cognoverant. at hercule pervulgatis iam omnibus, cum vix in cortina quisquam adsistat quin elementis studiorum, etsi non instructus, at certe inbutus sit, novis

3 ⟨quidem⟩ autem *B*   6 uenias *B*   8–9 *sic BΓ*ζ lacunose* : Cassium ⟨Severum eloquentiam aequali et uno tenore processisse statuunt, Cassium⟩ *exempli gratia Vahlen* : solent, ego Cassium Severum, quem *Andresen*   10 illa φ*ζ : ī *C* : ista *B*   directa *BΓ*ζ
12 illud *BC*ζ : id φ : aliud *Andresen*   13 cum *om. Γ*   15 iste *B*φ
16 imperitissimarum *BΓ*ζ : *corr. Muretus*   17 laudi dabatur ζ*
22 odoratus ψ *?E²* : adoratus *BC*Q*ψ *?*ζ   uideretur *E²* : uidetur *BΓ*ζ
23 ferebantur *BQE*   24 erant *b* (*vel b²?*) : erat *BΓ*ζ   25 paucissima *Γ*   27 corona *Ursinus*   quin *Muretus* : qui *BΓ*ζ

et exquisitis eloquentiae itineribus opus est, per quae orator
fastidium aurium effugiat, utique apud eos iudices qui vi
et potestate, non iure et legibus cognoscunt, nec accipiunt
tempora sed constituunt, nec expectandum habent oratorem
5 dum illi libeat de ipso negotio dicere, sed saepe ultro ad-
monent atque alio transgredientem revocant et festinare se
testantur.

'Quis nunc feret oratorem de infirmitate valetudinis suae 20
praefantem, qualia sunt fere principia Corvini? quis quinque
10 in Verrem libros expectabit? quis ⟨de⟩ exceptione et formula
perpetietur illa inmensa volumina quae pro M. Tullio aut
Aulo Caecina legimus? praecurrit hoc tempore iudex dicen- 2
tem et nisi aut cursu argumentorum aut colore sententiarum
aut nitore et cultu descriptionum invitatus et corruptus est,
15 aversatur [dicentem]. vulgus quoque adsistentium et ad- 3
fluens et vagus auditor adsuevit iam exigere laetitiam et pulchritudinem orationis, nec magis perfert in iudiciis tristem
et inpexam antiquitatem quam si quis in scaena Rosci aut
Turpionis [aut] Ambivi exprimere gestus velit. iam vero 4
20 iuvenes et in ipsa studiorum incude positi, qui profectus sui
causa oratores sectantur, non solum audire sed etiam referre
domum aliquid inlustre et dignum memoria volunt, tra-
duntque in vicem ac saepe in colonias ac provincias suas
scribunt, sive sensus aliquis arguta et brevi sententia effulsit
25 sive locus exquisito et poetico cultu enituit. exigitur enim 5
iam ab oratore etiam poeticus decor, non Acci aut Pacuvi
veterno inquinatus sed ex Horati et Vergili et Lucani sacra-
rio prolatus. horum igitur auribus et iudiciis obtemperans 6
nostrorum oratorum aetas pulchrior et ornatior extitit. neque

2 ui *om. B*   3 et² *Γ*ζ*: aut *B*   4 nec *BCQ*: et *ζ**: et
nec *ψ*   expectandum *φ*ζ*: expectando *C*: expectantem *B*   8 infinitae *C*: infinitate *φ*   10 de *b s.l.*: *om. BΓ*ζ*   11 ista *B*
12–13 dicentes *B*   15 aduersatur *C*E*   dicentem *del. Schele*
18 scena *E*: caena *V*: c(o)enam *Bψ*: sc(a)enam *BᵛC*Q*   19 aut
del. Lips.   21 non *Γ*ζ*: nec *B*   audire *BφE²V²*: adire *C*Q²ζ*
24 sensus *Muretus*: in suis *BΓ*ζ*   25 exigitur *Lips.* (exigetur *c¹*,
Vat. lat. 4498): exercetur *BᵛΓEV²*: exercitur *BV¹*

ideo minus efficaces sunt orationes nostrae quia ad aures
7 iudicantium cum voluptate perveniunt. quid enim si in-
firmiora horum temporum templa credas quia non rudi
caemento et informibus tegulis extruuntur sed marmore
nitent et auro radiantur? 5

21 'Equidem fatebor vobis simpliciter me in quisbusdam
antiquorum vix risum, in quibusdam autem vix somnum
tenere. nec unum de populo †ganuti aut atti de furnio
et coranio† quique alii in eodem valetudinario haec ossa
et hanc maciem probant: ipse mihi Calvus, cum unum et 10
viginti, ut puto, libros reliquerit, vix in una aut altera
2 oratiuncula satis facit. nec dissentire ceteros ab hoc meo
iudicio video: quotus enim quisque Calvi in Asicium aut
in Drusum legit? at hercule in omnium studiosorum manibus versantur accusationes quae in Vatinium inscribuntur, 15
ac praecipue secunda ex his oratio; est enim verbis ornata
et sententiis, auribus iudicum accommodata, ut scias ipsum
quoque Calvum intellexisse quid melius esset, nec volun-
tatem ei quo ⟨minus⟩ sublimius et cultius diceret sed in-
3 genium ac vires defuisse. quid? ex Caelianis orationibus 20
nempe eae placent, sive universae ⟨sive⟩ partes earum,
in quibus nitorem et altitudinem horum temporum
4 agnoscimus. sordes autem †regulae† verborum et hians
compositio et inconditi sensus redolent antiquitatem: nec
quemquem adeo antiquarium puto ut Caelium ex ea 25
parte laudet qua antiquus est.

5 'Concedamus sane C. Caesari ut propter magnitudinem

2 pr(a)eueniunt *CψV*   8 Canutium (*Gronovius*: ganuti
*Bφ*EV*²: sed anuti *C*: gannuti *V*¹: canuti *b*²) aut Attium (*Michaelis*:
atti *BC**: ati *φ*: acti *E*: arti *V*) ⟨dico, ne quid loquar⟩ *John*: *alii alia*
9 toranio *b*   quique *Bφ*: que *ζ*: *om. C**   alii *Lips.*: alios *BΓ*ζ*
11 aut *Put.*: et *BΓ*ζ*   14 hominum *BΓ*ζ*: *corr. Acidalius*
15 conscribuntur *BΓ*ζ*: *corr. Lipsius*   19 minus *suppl. Halm*
21 e(a)e *BE**: ea *V*: ex *C*: hae(c) *φ*   universae sive partes earum
Pithoeus: uniuersa parte serum *BC*Qζ* (*corruptius ψ*)   23 re-
gul(a)e *BC*: re *Q*, *relicto trium litterarum spatio* (*et similiter φ?*): ill(a)e *ζ**:
*del. b*²: reliquae *Sorof*

cogitationum et occupationes rerum minus in eloquentia
effecerit quam divinum eius ingenium postulabat, tam hercule quam Brutum philosophiae suae relinquamus; nam in
orationibus minorem esse fama sua etiam admiratores eius
5 fatentur. nisi forte quisquam aut Caesaris pro Decidio 6
Samnite aut Bruti pro Deiotaro rege ceterosque eiusdem
lentitudinis ac teporis libros legit, nisi qui et carmina eorundem miratur: fecerunt enim et carmina et in bibliothecas
rettulerunt, non melius quam Cicero, sed felicius, quia illos
10 fecisse pauciores sciunt.

'Asinius quoque, quamquam propioribus temporibus 7
natus sit, videtur mihi inter Menenios et Appios studuisse;
Pacuvium certe et Accium non solum tragoediis sed etiam
orationibus suis expressit, adeo durus et siccus est. oratio 8
15 autem, sicut corpus hominis, ea demum pulchra est in qua
non eminent venae nec ossa numerantur, sed temperatus
ac bonus sanguis implet membra et exurgit toris ipsosque
nervos rubor tegit et decor commendat. nolo Corvinum 9
insequi, quia non per ipsum stetit quo minus laetitiam
20 nitoremque nostrorum temporum exprimeret; videmus
enim quam iudicio eius vis aut animi aut ingenii suffecerit.

'Ad Ciceronem venio, cui eadem pugna cum aequalibus 22
suis fuit quae mihi vobiscum est: illi enim antiquos mira-
bantur, ipse suorum temporum eloquentiam anteponebat.
25 nec ulla re magis eiusdem aetatis oratores praecurrit quam
iudicio. primus enim excoluit orationem, primus et verbis 2
delectum adhibuit et compositioni artem; locos quoque
laetiores adtemptavit et quasdam sententias invenit, utique
in iis orationibus quas senior iam et iuxta finem vitae
30 composuit, id est postquam magis profecerat usuque et

1 eloquentia *E*: eloquentiam *BΓ*V*   5 Decidio *John* (*cf. Cic.
Cluent. 161*): decio *BΓ*ζ*   7 temporis *BΓ*ζ*: corr. *Lips.*   9 qui
istos *B*   18 rubor *Qψ?*: rubore *BC*ψ?ζ* (*quo recepto* decore *Lips.*)
19 non *Γ*ζ*: nec *B*   20–1 videmus enim quam *Baehrens* (videmus
iam Schultingh, quam *iam b²*): uiderimus inquam *BΓ**: uiderimus in
quantum *ζ*   25 oratores etatis eiusdem *B*   27 dilectum *ζ*
29 hi(i)s *Γζ*   iam senior *B*

experimentis didicerat quod optimum dicendi genus esset.
3 nam priores eius orationes non carent vitiis antiquitatis: len-
tus est in principiis, longus in narrationibus, otiosus circa ex-
cessus; tarde commovetur, raro incalescit; pauci sensus apte
et cum quodam lumine terminantur. nihil excerpere, nihil 5
referre possis, et velut in rudi aedificio firmus sane paries et
4 duraturus, sed non satis expolitus et splendens. ego autem
oratorem, sicut locupletem ac lautum patrem familiae, non
eo tantum volo tecto tegi quod imbrem ac ventum arceat sed
etiam quod visum et oculos delectet, non ea solum instrui 10
supellectile quae necessariis usibus sufficiat, sed sit in apparatu eius et aurum et gemmae, ut sumere in manus et
5 aspicere saepius libeat. quaedam vero procul arceantur ut
iam oblitterata et olentia; nullum sit verbum velut rubigine
infectum, nulli sensus tarda et inerti structura in morem 15
annalium componantur; fugitet foedam et insulsam scurri-
litatem, variet compositionem, nec omnes clausulas uno et
eodem modo determinet.

23   'Nolo inridere "rotam Fortunae" et "ius verrinum" et
illud tertio quoque sensu in omnibus orationibus pro senten- 20
tia positum "esse videatur". nam et haec invitus retuli et
plura omisi, quae tamen sola mirantur atque exprimunt ii
2 qui se antiquos oratores vocant. neminem nominabo, genus
hominum significasse contentus; sed vobis utique versantur
ante oculos isti qui Lucilium pro Horatio et Lucretium pro 25
Vergilio legunt, quibus eloquentia Aufidi Bassi aut Servili
Noniani ex comparatione Sisennae aut Varronis sordet,
qui rhetorum nostrorum commentarios fastidiunt [oderunt],
3 Calvi mirantur, quos more prisco apud iudicem fabulantes

1 esset *E*: est *BΓ*V*   4–5 apte et *Acidalius*: opt. et *BQ* (*et
fortasse ψ?*): opti et *C*: optet *E** (*spatio relicto*): optet. *V*   6 possis:
est velut *Baehrens*   8 laudatum *BΓ*ζ*: *corr. Lips.*   12 et³ *B*:
ut *C*ζ*: aut *φ*   13 liceat *BΓ*ζ*: *corr. Agricola*   arcentur *BΓ*ζ*:
corr. Lips.   14 velut *Rhen.*: uel *BΓ*ζ*   19 *Cic. Pis. 22; II Verr.
1. 121*   20 istud *B*   21 inuitatus *BΓ*ζ*: *corr. b²*   23 vocant
Lips.: uocabant *BΓ*ζ*   26 aufidi *ζ*(*): tuifidi *Bφ**: cui fidi *C*
28 oderunt *BΓ*ζ*: et oderunt *b²*: *del. Heumann*

non auditores sequuntur, non populus audit, vix denique
litigator perpetitur, adeo maesti et inculti illam ipsam quam
iactant sanitatem non firmitate sed ieiunio consequuntur.
porro ne in corpore quidem valetudinem medici probant 4
5 quae animi anxietate contingit. parum est aegrum non
esse: fortem et laetum et alacrem volo. prope abest ab
infirmitate in quo sola sanitas laudatur.

'Vos vero, disertissimi ⟨viri⟩, ut potestis, ut facitis, in- 5
lustrate saeculum nostrum pulcherrimo genere dicendi.
10 nam et te, Messala, video laetissima quaeque antiquorum 6
imitantem, et vos, Materne ac Secunde, ita gravitati sen-
suum nitorem et cultum verborum miscetis, ea electio in-
ventionis, is ordo rerum, ea quotiens causa poscit ubertas,
ea quotiens permittitur brevitas, is compositionis decor,
15 ea sententiarum planitas est, sic exprimitis adfectus, sic
libertatem temperatis, ut etiam si nostra iudicia malignitas
et invidia tardaverit, verum de vobis dicturi sint posteri
nostri.'

Quae cum Aper dixisset, 'agnoscitisne' inquit Maternus 24
20 'vim et ardorem Apri nostri? quo torrente, quo impetu
saeculum nostrum defendit! quam copiose ac varie vexavit
antiquos! quanto non solum ingenio ac spiritu sed etiam
eruditione et arte ab ipsis mutuatus est per quae mox ipsos
incesseret! tuum tamen, Messala, promissum inmutasse non 2
25 debet. neque enim defensorem antiquorum exigimus nec
quemquam nostrum, quamquam modo laudati sumus, iis
quos insectatus est Aper comparamus. ac ne ipse quidem ita
sentit, sed more veteri et a nostris philosophis saepe cele-
brato sumpsit sibi contra dicendi partes. igitur exprome 3
30 nobis non laudationem antiquorum (satis enim illos fama sua

2 illam *ΓΨζ*: istam *B*   3 non firmitate *Acidalius*: infirmitatem
ΓΨζ: infirmitatemque *B*   consequuntur *BQζ*: consequenter *C*: con-
sequantur *ψ*   6 proprie *ΓΨ*   abest *BΓΨ*: est *ζ*   8 viri *add.*
Acidalius   8–9 illustrate *BΓΨ*: illustre *ζ* (*et Q ante corr.*)   13 ea
Wopkens: et *BΓΨζ*   14 permittit *Spengel*   15 plenitas *C*
26 nostrum *Acidalius*: nostrorum *BΓΨζ*   his *ψ?*(*om. C*)*ζ*   28 vetere
Ritter (*cf. 19, 1 et 28, 2*)   nostris *B*: uestris *ΓΨζ*   30 istos *B*

laudat), sed causas cur in tantum ab eloquentia eorum recesserimus, cum praesertim centum et viginti annos ab interitu
Ciceronis in hunc diem effici ratio temporum collegerit.'

25 Tum Messala: 'sequar praescriptam a te, Materne, formam; neque enim diu contra dicendum est Apro, qui pri- 5
mum, ut opinor, nominis controversiam movit, tamquam
parum proprie antiqui vocarentur quos satis constat ante
2 centum annos fuisse. mihi autem de vocabulo pugna non
est; sive illos antiquos sive maiores sive quo alio mavult
nomine appellet, dum modo in confesso sit eminentiorem 10
illorum temporum eloquentiam fuisse.

'Ne illi quidem parti sermonis eius repugno †si cominus
fatetur† plures formas dicendi etiam isdem saeculis, nedum
3 diversis extitisse. sed quo modo inter Atticos oratores primae
Demostheni tribuuntur, proximum [autem] locum Aeschines 15
et Hyperides et Lysias et Lycurgus obtinent, omnium
autem concessu haec oratorum aetas maxime probatur,
sic apud nos Cicero quidem ceteros eorundem temporum
disertos antecessit, ~Calvus autem et Asinius et Caesar et
Caelius et Brutus iure et prioribus et sequentibus ante- 20
4 ponuntur. nec refert quod inter se specie differunt cum
genere consentiant. adstrictior Calvus, nervosior Asinius,
splendidior Caesar, amarior Caelius, gravior Brutus,
vehementior et plenior et valentior Cicero; omnes tamen
eandem sanitatem eloquentiae ferunt, ut, si omnium pariter 25

1 in *om.* B   1–2 recesserimus φ*ζ: recessimus BC*   3 collegerit Bψζ: colligitur C*: colligerit Q   4 pr. a te BCQ²: a te
pr. φ: et pr. E: pr. et V*   7 constat BΓ: constaret E*: constare V
9, 11 istos ... istorum B (istorum *etiam* C)   12–13 si com(m)inus
fatetur BC*: si quominus fatetur φ: si cominus fatear E: si quominus
fatear V (*quod probat John, deleto* si): qua fatetur Acidalius (*cf. decl. p. 138.
27 Ritter*): alii alia   15 autem *del.* Ritter (*quo servato* tamen *pro* autem
post omnium *Gudeman*)   17 consensu ψV   18 sic b²: sicut BΓ*ζ
20 iure b², *ut vid.*: si uere BC*Qζ: si(c) iure ψ   21 differant BΓ*ζ:
corr. Halm   22 adstrictior Acidalius: at strictior BC*Qζ: aut strictior
ψ   nervosior *Meiser*: nūosior B: numerosior Γ*ζ   25 sanitatem
Rhen.: san(c)titatem BΓ*ζ, *fort. recte*   ferunt ψ, *vix recte*: serunt BC*Qζ:
praeferunt Acidalius: prae se ferunt Andresen: servant Baehrens

libros in manum sumpseris, scias quamvis in diversis ingeniis esse quandam iudicii ac voluntatis similitudinem et
cognationem.

'Nam quod in vicem se obtrectaverunt et sunt aliqua epi- 5
5 stulis eorum inserta ex quibus mutua malignitas detegitur,
non est oratorum vitium sed hominum. nam et Calvum et 6
Asinium et ipsum Ciceronem credo solitos et invidere et
livere et ceteris humanae infirmitatis vitiis adfici; solum
inter hos arbitror Brutum non malignitate nec invidia sed
10 simpliciter et ingenue iudicium animi sui detexisse. an ille
Ciceroni invideret qui mihi videtur ne Caesari quidem
invidisse?

'Quod ad Servium Galbam et C. Laelium attinet et 7
si quos alios antiquorum agitare non destitit, non exigit
15 defensorem, cum fatear quaedam eloquentiae eorum ut
nascenti adhuc nec satis adultae defuisse. ceterum si omisso **26**
optimo illo et perfectissimo genere eloquentiae eligenda sit
forma dicendi, malim hercule C. Gracchi impetum aut
L. Crassi maturitatem quam calamistros Maecenatis aut
20 tinnitus Gallionis, adeo melius est orationem vel hirta toga
induere quam fucatis et meretriciis vestibus insignire. neque 2
enim oratorius iste, immo hercule ne virilis quidem cultus
est quo plerique temporum nostrorum actores ita utuntur
ut lascivia verborum et levitate sententiarum et licentia
25 compositionis histrionales modos exprimant; quodque vix 3
auditu fas esse debeat, laudis et gloriae et ingenii loco
plerique iactant cantari saltarique commentarios suos: unde
oritur illa foeda et praepostera sed tamen frequens [sicut
his clam et] exclamatio, ut oratores nostri tenere dicere,
30 histriones diserte saltare dicantur.

1 scias *b*: sciam *BC*E*: scientia *V*: etiam *Q* (*om. ψ*)   3 cognationem *S*: cogitationem *BΓ*ζ*   7–8 et invidere et livere *suspectum*
9 Brutum *Put.*: utrum *BΓ*ζ*   14 antiquiorum *P. Voss, fort.
recte* ⟨Aper⟩ agitare *P. Voss*   exigunt *Halm*   17 optimo *ψ?**: opimo
Bζ*: opino *C*: opinio *Q*   20 orationem *Andresen* (*et U ante corr.*):
oratorem *BΓ*ζ*   23 auctores *BQ²ψ?*   utimur *CQ*   28–9 sicut his
clam (cla *C**: dam *ζ*) et *BΓ*ζ*: del. *John*   29 temere *BΓ*ζ*: corr. Lips.*

4 'Equidem non negaverim Cassium Severum, quem solum
Aper noster nominare ausus est, si iis comparetur qui
postea fuerunt, posse oratorem vocari, quamquam in magna
parte librorum suorum plus bilis habeat quam sanguinis.
primus enim contempto ordine rerum, omissa modestia ac 5
pudore verborum, ipsis etiam quibus utitur armis incom-
positus et studio feriendi plerumque deiectus, non pugnat
5 sed rixatur. ceterum, ut dixi, sequentibus comparatus et
varietate eruditionis et lepore urbanitatis et ipsarum virium
robore multum ceteros superat. 10

'Quorum neminem Aper nominare et velut in aciem
6 educere sustinuit. ego autem expectabam ut incusato
Asinio et Caelio et Calvo aliud nobis agmen produceret
plurisque vel certe totidem nominaret, ex quibus alium
Ciceroni, alium Caesari, singulis deinde singulos opponere- 15
7 mus. nunc detrectasse nominatim antiquos oratores contentus neminem sequentium laudare ausus est nisi in publicum
et in commune, veritus credo ne multos offenderet si
8 paucos excerpsisset. quotus enim quisque scholasticorum
non hac sua persuasione fruitur, ut se ante Ciceronem 20
numeret sed plane post Gabinianum? at ego non vere-
bor nominare singulos, quo facilius propositis exemplis
appareat quibus gradibus fracta sit et deminuta eloquentia.'

27 'Parce' inquit Maternus 'et potius exsolve promissum. 25
neque enim hoc colligi desideramus, disertiores esse antiquos, quod apud me quidem in confesso est, sed causas
exquirimus, quas te solitum tractare paulo ante ⟨dixisti⟩,

2 hi(i)s $C\psi$ *?ζ 3 posse Γ*ζ : post se BQ^2 4 bilis *Wopkens*:
uis $B\phi$*E : ius CV 5 contempto $B\zeta$: contento C* : contexto ϕ
7 studiis $B\Gamma$*ζ : *corr. Rhen.*   11 uelut C*$Q\psi$?ζ : uult $B\psi$?   12 incusato ζ* : incurato $B\Gamma$ 14 plurisque $B\zeta$: plerisque Γ*   certo
B 16 nunc *Rhen.*: non $B\Gamma$*ζ 18 ueritum $B\Gamma$*ζ : *corr. Lips.*
23 fracta *Baltimorensis*: freta $B\Gamma$*ζ deminuta C*$Q\psi$?V : dim- $B\psi$?E
25 parce *Andresen* (*post Michaelis*) : aparte B^VC* : apparate BQ* : appro-
perate ψ : aperte ζ 26 hoc ϕ*ζ : h(a)ec BC 27 quidem b :
equidem $B\Gamma$*ζ 28 *suppl. Lips.* (*a 'quodam libro'*)

plane mitior et eloquentiae temporum nostrorum minus
iratus antequam te Aper offenderet maiores tuos laces-
sendo.'

'Non sum' inquit 'offensus Apri mei disputatione, nec vos 2
5 offendi decebit si quid forte aures vestras perstringit, cum
sciatis hanc esse eius modi sermonum legem, iudicium animi
citra damnum adfectus proferre.'

'Perge' inquit Maternus 'et cum de antiquis loquaris 3
utere antiqua libertate, ⟨a⟩ qua vel magis degeneravimus
10 quam ab eloquentia.'

Et Messala: 'non reconditas, Materne, causas requiris nec 28
aut tibi ipsi aut huic Secundo vel huic Apro ignotas, etiam
si mihi partes adsignatis proferendi in medium quae omnes
sentimus. quis enim ignorat et eloquentiam et ceteras artes 2
15 descivisse ab illa vetere gloria non inopia hominum sed
desidia iuventutis et neglegentia parentum et inscientia prae-
cipientium et oblivione moris antiqui? quae mala primum
in urbe nata, mox per Italiam fusa, iam in provincias
manant. quamquam vestra vobis notiora sunt: ego de urbe 3
20 et his propriis ac vernaculis vitiis loquar, quae natos statim
excipiunt et per singulos aetatis gradus cumulantur, si
prius de severitate ac disciplina maiorum circa educandos
formandosque liberos pauca praedixero.

'Nam pridem suus cuique filius, ex casta parente natus, 4
25 non in cella emptae nutricis sed gremio ac sinu matris
educabatur, cuius praecipua laus erat tueri domum et in-
servire liberis. eligebatur autem maior aliqua natu propinqua, cuius probatis spectatisque moribus omnis eiusdem

1 mitior et eloquentiae *Schele*: mitiore (a)eloquentia et *BΓ*ζ   minus
Nissen (non *Schele*): miratus *BΓ*ζ   4 Apri mei *Schurzfleisch*: a
prima *BΓ*ζ: Apri *Orelli*: Apri nostri *Gronovius*   nec *Put.*: nam nec
ζ*: nam et *BΓ*   5 perstringit φ*ζ: perstrigit *C*: perstringat *B*:
perstringet *Lips.*   8 et ζ*: om. *BΓ*   9 a add. b²   11 et
*C*Qψ? (nisi om.)* ζ: qui *B*   12 ignoras *CQ*   18 in² *E*:
om. *BC*Qψ?V*   22 de b²: a *BΓ*ζ   24 nam *Weissenborn*: iam
*BΓ*ζ   25 cella *Put.*: cellam *B*φ*ζ: cella *C* (*unde* cellula *Baehrens*)
26 educabitur . . . erit *B* (erit *etiam C*)

familiae suboles committeretur, coram qua neque dicere fas
erat quod turpe dictu neque facere quod inhonestum factu
5 videretur. ac non studia modo curasque sed remissiones
etiam lususque puerorum sanctitate quadam ac verecundia
temperabat. sic Corneliam Gracchorum, sic Aureliam 5
Caesaris, sic Atiam Augusti matrem praefuisse educationi-
6 bus ac produxisse principes liberos accepimus. quae disciplina ac severitas eo pertinebat ut sincera et integra et [in]
nullis pravitatibus detorta unius cuiusque natura toto statim
pectore arriperet artis honestas et, sive ad rem militarem 10
sive ad iuris scientiam sive ad eloquentiae studium in-
clinasset, id solum ageret, id universum hauriret.

29   'At nunc natus infans delegatur Graeculae alicui ancillae,
cui adiungitur unus aut alter ex omnibus servis, plerumque vilissimus nec cuiquam serio ministerio accommodatus. 15
horum fabulis et erroribus [et] virides [teneri] statim et rudes
animi inbuuntur; nec quisquam in tota domo pensi habet
2 quid coram infante domino aut dicat aut faciat. quin
etiam ipsi parentes non probitati neque modestiae parvulos
adsuefaciunt, sed lasciviae et dicacitati, per quae paulatim 20
impudentia inrepit et sui alienique contemptus.

3   'Iam vero propria et peculiaria huius urbis vitia paene
in utero matris concipi mihi videntur, histrionalis favor
et gladiatorum equorumque studia: quibus occupatus et
obsessus animus quantulum loci bonis artibus relinquit? 25
quotum quemque invenies qui domi quicquam aliud loqua-
tur? quos alios adulescentulorum sermones excipimus si
4 quando auditoria intravimus? ne praeceptores quidem ullas
crebriores cum auditoribus suis fabulas habent; colligunt
enim discipulos non severitate disciplinae nec ingenii 30

1 dicere $Q\psi ?E^1$: discere $BC\psi ?E^2V$ 4 puerorum ⟨mater⟩ *Peter*
6 Atiam *Ernesti*: acciam $BC^*\psi\zeta$: actiam Q matrem *del. Sauppe*
8 in *del. Rhen.*   10 rem *om.* B 16 virides *Knaut*: et uirides
(uires C^*: uides $\phi\zeta$) teneri $B\Gamma^*\zeta$: teneri b^2 18 qui B: quod Q
19 non probitati *Baehrens* (*cf. 19, 1*): improbitati $B\zeta^*$: nec improbitati
B^VC^*Q: nec probitati ψ^* 20 dicacitati b^2: bibacitati $B\Gamma^*\zeta$
26 inuenires B 28 ne *Gronovius*: nec $B\Gamma^*\zeta$

experimento sed ambitione salutationum et inlecebris
adulationis.

'Transeo prima discentium elementa, in quibus et ipsis 30
parum laboratur: nec in auctoribus cognoscendis nec in
5 evolvenda antiquitate nec in notitia vel rerum vel hominum
vel temporum satis operae insumitur. sed expetuntur quos 2
rhetoras vocant: quorum professio quando primum in hanc
urbem introducta sit quamque nullam apud maiores
nostros auctoritatem habuerit statim dicturus referam
10 necesse est animum ad eam disciplinam qua usos esse eos
oratores accepimus quorum infinitus labor et cotidiana
meditatio et in omni gĕnere studiorum adsiduae exercitationes ipsorum etiam continentur libris.

'Notus est vobis utique Ciceronis liber qui Brutus inscri- 3
15 bitur, in cuius extrema parte (nam prior commemorationem
veterum oratorum habet) sua initia, suos gradus, suae
eloquentiae velut quandam educationem refert: se apud Q.
Mucium ius civile didicisse, apud Philonem Academicum,
apud Diodotum Stoicum omnes philosophiae partes penitus
20 hausisse; neque iis doctoribus contentum quorum ei copia
in urbe contigerat, Achaiam quoque et Asiam peragrasse,
ut omnem omnium artium varietatem complecteretur.

'Itaque hercule in libris Ciceronis deprehendere licet non 4
geometriae, non musicae, non grammaticae, non denique
25 ullius ingenuae artis scientiam ei defuisse. ille dialecticae
subtilitatem, ille moralis partis utilitatem, ille rerum motus
causasque cognoverat. ita est enim, optimi viri, ita: ex 5
multa eruditione et plurimis artibus et omnium rerum

1 salutantium Γ   5 notitia E: notitiam BC*Q(quid ψ, incertum)V
7 uocant Bᵛφ*ζ: uocatis B: uocantis C   9 habuit Bφ   dicturus
Gronovius: de curiis BΓ*V: decurrens E   10 qua usos b: quo ausos
(auos C) BΓ*ζ   12–13 exercitationes ζ: -onis BΓ*   14 vobis
Rhen.: nobis BΓ*ζ   17 refert b²: referre BΓ*ζ   Brut. 305 seq.
19 diodotum V*: dyodorum BE: diodorum Γ*   20 neque
Γ*ζ: in B   h(i)isC *ψζ   23 in BC*Qψ? (nisi om.): et in ζ
24 geometricae CV   25 artis ingenue B   25–6 iste (ter) B
27 cognouerat Bζ*: cognouerit C: cognouit φ

scientia exundat et exuberat illa admirabilis eloquentia;
neque oratoris vis et facultas sicut ceterarum rerum angustis et brevibus terminis clauditur, sed is est orator qui de
omni quaestione pulchre et ornate et ad persuadendum
apte dicere pro dignitate rerum, ad utilitatem temporum, 5
cum voluptate audientium possit.

31 'Hoc sibi illi veteres persuaserant, ad hoc efficiendum
intellegebant opus esse non ut in rhetorum scholis declama-
rent nec ut fictis nec ullo modo ad veritatem accedentibus
controversiis linguam modo et vocem exercerent, sed ut [in] 10
iis artibus pectus implerent in quibus de bonis ac malis, de
honesto et turpi, de iusto et iniusto disputatur. haec est enim
2 oratori subiecta ad dicendum materia. nam in iudiciis fere
de aequitate, in deliberationibus ⟨de utilitate, in lauda-
tionibus⟩ de honestate disserimus, ita ⟨tamen⟩ ut plerumque 15
haec ipsa in vicem misceantur. de quibus copiose et varie
et ornate nemo dicere potest nisi qui cognovit naturam
humanam et vim virtutum pravitatemque vitiorum et intellectum eorum quae nec in virtutibus nec in vitiis numeran-
3 tur. ex his fontibus etiam illa profluunt, ut facilius iram 20
iudicis vel instiget vel leniat qui scit quid ira et promptius ad
miserationem impellat qui scit quid sit misericordia et
4 quibus animi motibus concitetur. in his artibus exercita-
tionibusque versatus orator, sive apud infestos sive apud
cupidos sive apud invidentes sive apud tristes sive apud 25
timentes dicendum habuerit, tenebit venas animorum et,
prout cuiusque natura postulabit, adhibebit manum et

1 ista *B*   2 orationis *Goelzer*   2–3 angustis *BQ²*ζ*: -stiis *Γ**
7 hoc¹ *ζ** : h(a)ec *BΓ*   hoc² *Bζ** : haec *Γ* (*deinde* efficienda)   9 ac-
cidentibus *ζ*   10 exercerent *Qψ?ζ*: exercent *BC*ψ?*   in *om. S*
11 his *BΓ* (hiis *C*)*ζ*   12 est enim *C*ζ*: enim est *Bφ*   14–15 *suppl.*
Ursinus   15 tamen *suppl. Acidalius*   16 ipsa *om. B*   18–19 intellectum ⟨habet⟩ *Schopen*   19 nec . . . nec *B*: neque . . . neque *ζ** :
nec . . . neque *Γ*   in² *om. B*   20 ista *B*   21 ira et *Jacob*:
ir(a)e *Bφ*ζ*: ira *C*: sit ira *Orellio iniuria tribuit Michaelis*   ad *ζ** : et *BΓ*
24 uersatus *S*: uersatur *BC*Qψ?ζ*   27 cuiusque ⟨causae⟩
Andresen   postulabit *BCQ*: postulabat *ψ*: postulauerit *ζ**

temperabit orationem, parato omni instrumento et ad omnem usum reposito.

'Sunt apud quos adstrictum et collectum et singula 5 statim argumenta concludens dicendi genus plus fidei 5 meretur; apud hos dedisse operam dialecticae proficiet. alios fusa et aequalis et ex communibus ducta sensibus oratio magis delectat; ad hos permovendos mutuabimur a Peripateticis aptos et in omnem disputationem paratos iam locos. dabunt Academici pugnacitatem, Plato altitudinem, 6 10 Xenophon iucunditatem. ne Epicuri quidem et Metrodori honestas quasdam exclamationes adsumere iisque prout res poscit uti alienum erit oratori. neque enim sapientem in- 7 formamus neque Stoicorum comitem, sed eum qui quasdam artes haurire, omnes libare debet. ideoque et iuris civilis 15 scientiam veteres oratores comprehendebant et grammatica musica [et] geometria inbuebantur. incidunt enim causae 8 plurimae quidem ac paene omnes quibus iuris notitia desideratur, plerumque autem in quibus haec quoque scientia requiritur.

20   'Nec quisquam respondeat sufficere ut ad tempus simplex 32 quiddam et uniforme doceamur. primum enim aliter utimur propriis, aliter commodatis, longeque interesse manifestum est possideat quis quae profert an mutuetur. deinde ipsa multarum artium scientia etiam aliud agentes 25 nos ornat atque ubi minime credas eminet et excellit: idque 2 non doctus modo et prudens auditor sed etiam populus intellegit, ac statim ita laude prosequitur ut legitime

1 ⟨omnem⟩ orationem *B*   4 fidei *Put.*: fidem *BΓ*ζ   7 per-
mouendos *φ*ζ: commouedos *C*: promouendos *B*   mutuabimur ζ*:
mutuabimus *Bφ*: mutuab~ *C*   12 poscet *S*   13 neque *BΓ*:
nec ζ*   comitem *Vahlen*: cĩtem *B*: ciuitatem *Γ*ζ   14 haurire
Lips.: audire *BΓ*ζ   libare *Bekker* (*praeeunte Acidalio*): liberaliter *BΓ*ζ
15–16 gram(m)atic(a)e music(a)e et (*del. Bekker*) geometric(a)e (-tri(a)e
B¹Q) *BΓ*ζ: *corr. S²*, *Rhen.*   18 plerumque *BC*ζ: plerique *φ*:
pleraeque *Rhen.*: *totus locus suspectus*   quoque *om. B*   20 sufficeret
*BΓ*ζ: *corr. Pithoeus*   21 enim *Rhen.*: autem *BΓ*ζ   27 ut *b²*
(*et S²*): aut *BΓ*ζ

studuisse, ut per omnes eloquentiae numeros isse, ut denique oratorem esse fateatur. quem non posse aliter existere nec extitisse umquam confirmo nisi eum qui, tamquam in aciem omnibus armis instructus, sic in forum omnibus artibus armatus exierit. 5

3 'Quod adeo neglegitur ab horum temporum disertis ut in actionibus eorum huius quoque cotidiani sermonis foeda ac pudenda vitia deprehendantur, ut ignorent leges, non teneant senatus consulta, ius civitatis ultro derideant, sapientiae vero studium et praecepta prudentium penitus 10 4 reformident. in paucissimos sensus et angustas sententias detrudunt eloquentiam velut expulsam regno suo, ut quae olim omnium artium domina pulcherrimo comitatu pectora implebat, nunc circumcisa et amputata, sine apparatu sine honore, paene dixerim sine ingenuitate, quasi una ex 15 sordidissimis artificiis discatur.

5 'Ergo hanc primam et praecipuam causam arbitror cur in tantum ab eloquentia antiquorum oratorum recesserimus. si testes desiderantur, quos potiores nominabo quam apud Graecos Demosthenen, quem studiosissimum Platonis 20 6 auditorem fuisse memoriae proditum est? et Cicero his, ut opinor, verbis refert, quidquid in eloquentia effecerit, id se non rhetorum · ⟨officinis⟩ sed Academiae spatiis consecutum.

7 'Sunt aliae causae, magnae et graves, quas ⟨a⟩ vobis 25 aperiri aequum est, quoniam quidem ego iam meum munus explevi et, quod mihi in consuetudine est, satis multos offendi, quos, si forte haec audierint, certum habeo dicturos me, dum iuris et philosophiae scientiam tamquam oratori necessariam laudo, ineptiis meis plausisse.' 30

---

1 isse *c*: isset *E*: is sed *V*: isse et *BΓ*   2 neque *ζ**   7 huius *Halm*: ius *BCψζ*: uis *Q**   8 non *Γ*ζ*: nec *B*   12 detrudunt *C*: detrudant *Bφ*ζ*   13 domina *Bζ**: dicunt *Γ*   17 ergo *Γ*ζ*: ego *B*   arbitror cur *Put.*: arbitror *C**: arbitratur *BQψ?ζ* 21 *orat. 12*   23 non ⟨in⟩ *Acidalius*   officinis *suppl. Haase ex Cic.* 25 a *b²*: om. *BΓ*ζ*   28 quos *Pithoeus*: quod *BΓ*ζ*   30 ineptis *ζ*

Et Maternus 'mihi quidem' inquit 'susceptum a te munus **33** adeo peregisse nondum videris ut incohasse tantum et velut vestigia ac liniamenta quaedam ostendisse videaris. nam **2** quibus ⟨artibus⟩ instrui veteres oratores soliti sint dixisti
5 differentiamque nostrae desidiae et inscientiae adversus acerrima et fecundissima eorum studia demonstrasti: cetera expecto, ut quem ad modum ex te didici quid aut illi scierint auℸt nos nesciamus, ita hoc quoque cognoscam, quibus exercitationibus iuvenes iam et forum ingressuri con-
10 firmare et alere ingenia sua soliti sint. neque enim solum arte **3** et scientia sed longe magis facultate et ⟨usu⟩ eloquentiam contineri nec tu puto abnues et hi significare vultu videntur.'

Deinde cum Aper quoque et Secundus idem adnuissent, **4** Messala quasi rursus incipiens: 'quoniam initia et semina
15 veteris eloquentiae satis demonstrasse videor docendo quibus artibus antiqui oratores institui erudirique soliti sint, per-sequar nunc exercitationes eorum: quamquam ipsis artibus **5** inest exercitatio, nec quisquam percipere tot tam reconditas tam varias res potest nisi ut scientiae meditatio, meditationi
20 faculitas, facultati usus eloquentiae accedat; per quae col-ligitur eandem esse rationem et percipiendi quae proferas et proferendi quae perceperis. sed si cui obscuriora haec **6** videntur isque scientiam ab exercitatione separat, illud certe concedet, instructum et plenum his artibus animum longe
25 paratiorem ad eas exercitationes venturum quae propriae esse oratorum videntur.

4 artibus *suppl. Schopen*   sunt $C^1(?)\phi E$ 5 scienti(a)e $B\Gamma^*\zeta$:
corr. Rhen.   7 quid BC: quod $\phi^*\zeta$ 8 scirent $B\Gamma^*\zeta$: *corr.*
Schurzfleisch   9 ingressi Γ^* 10 solum *Dronke*: dum $B\Gamma^*\zeta$:
tantum *Ritter*   11 scientia $C^*\psi$?: inscientia $BQ\psi$?ζ usu *suppl.*
Tyrwhitt (et *deleverat Rhen.*)   (a)eloquentia $B\Gamma^*\zeta$: *corr. Rhen.*   12 hi
ψ?: ii $BC^*\zeta$: iis $Q\psi$?   13 et. *om.* ζ 15 uideor b^2 (*et*
S^2): uidetur $B\Gamma^*\zeta$ 16–17 persequar b^2: persequor $BC^*Q\psi$?E:
prosequor V 18 tam *Muretus* (aut tam S): aut $B\Gamma^*V$: et . . aut E
20 usus *Acidalius*: uis $B\phi^*\zeta$: ius C eloquentiae *del. Sauppe, fort. recte*
22 percipis B 23 illud ζ^*: id Γ: istud B 25 paratiorem S:
parate $BC^*Q\psi$?ζ 26 esse oratorum *Agricola*: et (ex E *s.l.*) ornatu-rum (oratorum *iam* ψ?) $B\Gamma\zeta$

34 'Ergo apud maiores nostros iuvenis ille qui foro et eloquentiae parabatur, inbutus iam domestica disciplina, re-
fertus honestis studiis, deducebatur a patre vel a propinquis
ad eum oratorem qui principem in civitate locum obtinebat.
2 hunc sectari, hunc prosequi, huius omnibus dictionibus 5
interesse sive in iudiciis sive in contionibus adsuescebat, ita
ut altercationes quoque exciperet et iurgiis interesset utque
3 sic dixerim pugnare in proelio disceret. magnus ex hoc usus,
multum constantiae, plurimum iudicii iuvenibus statim
contingebat in media luce studentibus atque inter ipsa dis- 10
crimina, ubi nemo inpune stulte aliquid aut contrarie dicit
quo minus et iudex respuat et adversarius exprobret, ipsi
denique advocati aspernentur.

4 'Igitur vera statim et incorrupta eloquentia inbuebantur,
et, quamquam unum sequerentur, tamen omnes eiusdem 15
aetatis patronos in plurimis et causis et iudiciis cognosce-
bant, habebantque ipsius populi diversissimarum aurium
copiam, ex qua facile deprehenderent quid in quoque vel
5 probaretur vel displiceret. ita nec praeceptor deerat, optimus quidem et electissimus, qui faciem eloquentiae, non 20
imaginem praestaret, nec adversarii et aemuli ferro non
rudibus dimicantes, nec auditorium semper plenum, semper
novum ex invidis et faventibus, ut nec bene ⟨nec male⟩ dicta
dissimularentur. scitis enim magnam illam et duraturam
eloquentiae famam non minus in diversis subselliis parari 25
quam suis: inde quin immo constantius surgere, ibi fidelius
corroborari.

6 'Atque hercule sub eius modi praeceptoribus iuvenis ille
de quo loquimur, oratorum discipulus, fori auditor, sectator
iudiciorum, eruditus et adsuefactus alienis experimentis, 30
cui cotidie audienti notae leges, non novi iudicum vultus,

7 excipere . . . interesse *BΓ*ζ*: *corr. Bekker*   8 magnus *b²*:
magnos *BΓ*ζ*   12 exprobret *BQ*ψ?*: exprobet *Cψ?E*: expro-
baret *V*   17 populi ⟨et⟩ *ζ*   22 sudibus *BΓ*ζ*: *corr. Lips.*   nec
Haase: sed *BΓ*ζ*   23 nec male *suppl. Pithoeus post Agricolam*
24 dissimularentur *b* (*vel b²*): -arent *BΓ*ζ*

frequens in oculis consuetudo contionum, saepe cognitae
populi aures, sive accusationem susceperat sive defensionem,
solus statim et unus cuicumque causae par erat. nono decimo 7
aetatis anno L. Crassus C. Carbonem, uno et vicesimo
5 Caesar Dolabellam, altero et vicesimo Asinius Pollio C.
Catonem, non multum aetate antecedens Calvus Vatinium
iis orationibus insecuti sunt quas hodieque cum admiratione legimus.

'At nunc adulescentuli nostri deducuntur in scholas 35
10 istorum qui rhetores vocantur, quos paulo ante Ciceronis
tempora extitisse nec placuisse maioribus nostris ex eo
manifestum est, quod a Crasso et Domitio censoribus clau-
dere, ut ait Cicero, "ludum impudentiae" iussi sunt. sed, ut 2
dicere institueram, deducuntur in scholas: ⟨in⟩ quibus non
15 facile dixerim utrumne locus ipse an condiscipuli an genus
studiorum plus mali ingeniis adferant. nam in loco nihil 3
reverentiae est, in quem nemo nisi aeque imperitus intrat, in
condiscipulis nihil profectus, cum pueri inter pueros et
adulescentuli inter adulescentulos pari securitate et dicant
20 et audiantur; ipsae vero exercitationes magna ex parte
contrariae. nempe enim duo genera materiarum apud 4
rhetoras tractantur, suasoriae et controversiae. ex his
suasoriae quidem tamquam plane leviores et minus pru-
dentiae exigentes pueris delegantur, controversiae robustio-
25 ribus adsignantur, quales per fidem et quam incredibiliter
compositae. sequitur autem ut materiae abhorrenti a veritate declamatio quoque adhibeatur. sic fit ut tyrannicidarum 5
praemia aut vitiatarum electiones aut pestilentiae remedia

---

3 nono decimo] *at v. Cic. de orat. 3. 74* 'annos natus unum et viginti';
nec rectius noster de Caesare   7 is *C*: his ζ   hodie quoque *B*
9–10 scholas istorum *Haupt post Lipsium*: seni (*B*: sem *C, spatio relicto*:
sc(a)ena φ: se in ζ*) sc(h)olasticorum *BΓ*ζ*   12 a *Michaelis*:
M *BΓ*E*: marco *V*: L. *Pithoeus*: *del. Schurzfleisch* (*om. Ottob. lat. 1434*)
Crasso] claudio *B*[1]   13 *de orat. 3.94*   14 in[2] *suppl. Schurzfleisch*
16 afferat *Gudeman*   17 est *Acidalius*: sed *BΓ*ζ*   23 quidem *b*[2]: quid
(quod *C*) et si *BCQ*⟨*def. ψ*⟩ζ   24 delegantur *b*[2]: deleguntur *BC*Q*⟨*def.*
ψ⟩ζ   25 perfidie *Bψ?*: perfide *ψ?*   27 quoque ⟨vana⟩ *Orelli*

aut incesta matrum aut quidquid in schola cotidie agitur,
in foro vel raro vel numquam, ingentibus verbis prosequantur. cum ad veros iudices ventum * * *

36 '* * * rem cogitare, nihil humile nihil abiectum eloqui
poterat. magna eloquentia, sicut flamma, materia alitur et 5
motibus excitatur et urendo clarescit. eadem ratio in nostra
2 quoque civitate antiquorum eloquentiam provexit. nam etsi
horum quoque temporum oratores ea consecuti sunt quae
composita et quieta et beata re publica tribui fas erat,
tamen illa perturbatione ac licentia plura sibi adsequi 10
videbantur, cum mixtis omnibus et moderatore uno caren-
tibus tantum quisque orator saperet quantum erranti populo
3 persuaderi poterat. hinc leges adsiduae et populare nomen,
hinc contiones magistratuum paene pernoctantium in
rostris, hinc accusationes potentium reorum et adsignatae 15
etiam domibus inimicitiae, hinc procerum factiones et
4 adsidua senatus adversus plebem certamina. quae singula
etsi distrahebant rem publicam, exercebant tamen illorum
temporum eloquentiam et magnis cumulare praemiis videbantur, quia quanto quisque plus dicendo poterat, tanto 20
facilius honores adsequebatur, tanto magis in ipsis honoribus
collegas suos anteibat, tanto plus apud principes gratiae,
plus auctoritatis apud patres, plus notitiae ac nominis apud
5 plebem parabat. hi clientelis etiam exterarum nationum
redundabant, hos ituri in provincias magistratus revere- 25
bantur, hos reversi colebant, hos et praeturae et consulatus

2–3 prosequantur *E. Wolff* (persequantur *Put.*): prosequuntur *Bψ*ζ
(*et, teste Decembr., Hersf.*): prosequimur *C*: prosecuntur *Q*   3 *spatium*
relinquunt *BΓ*ζ*: 'hic desunt sex pagelle' *B*: *nihil adnotant Cψ*: 'hic deficiunt quatuor parue pagellae' *Q*: 'hic deest multum: in exemplari dicunt
deesse sex paginas' *E*: 'hic est defectus unius folii cum dimidio' *V*: *de*
Hersfeldensi testatur 'post hec deficiunt sex folia' *Decembrius*   4 cogitare
*Γ*ζ, Hersf.* (*teste Decembr.*): cogitant *B*   humile nihil abiectum *Γ*ζ:
humile uel abiectum *B*: abiectum nihil humile *Hersf. teste Decembr.* (*et*
Baltimorensis!)   13 persuadere *Heumann*   14 hinc *φ*ζ: hic *BC*(?)
15 reorum *b*: rerum *BΓ*ζ   21 assequebatur *Bψ*ζ: -bantur *CQ*
24 parabat *b²*: probabat *BΓ*ζ

vocare ultro videbantur, hi ne privati quidem sine potestate
erant, cum et populum et senatum consilio et auctoritate
regerent. quin immo sibi ipsi persuaserant neminem sine 6
eloquentia aut adsequi posse in civitate aut tueri con-
5 spicuum et eminentem locum. nec mirum, cum etiam inviti 7
ad populum producerentur, cum parum esset in senatu
breviter censere nisi quis ingenio et eloquentia sententiam
suam tueretur, cum in aliquam invidiam aut crimen vocati
sua voce respondendum haberent, cum testimonia quoque
10 in ⟨iudiciis⟩ publicis non absentes nec per tabellam dare
sed coram et praesentes dicere cogerentur. ita ad summa 8
eloquentiae praemia magna etiam necessitas accedebat,
et quo modo disertum haberi pulchrum et gloriosum, sic
contra mutum et elinguem videri deforme habebatur. ergo 37
15 non minus rubore quam praemiis stimulabantur ne clien-
tulorum loco potius quam patronorum numerarentur, ne
traditae a maioribus necessitudines ad alios transirent,
ne tamquam inertes et non suffecturi honoribus aut non
impetrarent aut impetratos male tuerentur.
20   'Nescio an venerint in manus vestras haec vetera quae 2
et in antiquariorum bibliothecis adhuc manent et cum
maxime a Muciano contrahuntur ac iam undecim, ut
opinor, Actorum libris et tribus Epistularum composita et
edita sunt. ex his intellegi potest Cn. Pompeium et M. 3
25 Crassum non viribus modo et armis sed ingenio quoque
et oratione valuisse, Lentulos et Metellos et Lucullos et
Curiones et ceteram procerum manum multum in his studiis
operae curaeque posuisse, nec quemquam illis temporibus
magnam potentiam sine aliqua eloquentia consecutum.
30   'His accedebat splendor reorum et magnitudo causarum, 4

7 quis *Lips.*: qui *BΓ**ζ   9 respondendum *C**ζ: responden̄ *B*:
quid *φ, incertum*   10 *suppl. Cuiacius post Agricolam*   11 pr(a)e-
sentis ζ   13 quo modo . . . sic *Schurzfleisch* (*praeeunte Acidalio*): commoda (*om. C*) . . . sed *BΓ**ζ   15 stimulabantur *Rhen.*: stipulabantur
Bφ*ζ: -batur *C*   16 loco *om.* ζ   17 transissent *BΓ**ζ: corr.
Lips.   18 nec *CQ*   21 antiquorum *BΓ**ζ: corr. *Schurzfleisch*
26 metellos *C**ψ: metellos sed *BQζ*   30 curarum *B*

quae et ipsa plurimum eloquentiae praestant. nam multum
interest utrumne de furto aut formula et interdicto dicendum habeas an de ambitu comitiorum, de expilatis sociis
5 et civibus trucidatis. quae mala sicut non accidere melius
est isque optimus civitatis status habendus est in quo nihil 5
tale patimur, ita cum acciderent ingentem eloquentiae
materiam subministrabant. crescit enim cum amplitudine
rerum vis ingenii, nec quisquam claram et inlustrem
orationem efficere potest nisi qui causam parem invenit.
6 non, opinor, Demosthenen orationes inlustrant quas ad- 10
versus tutores suos composuit, nec Ciceronem magnum
oratorem P. Quinctius defensus aut Licinius Archias faciunt
—Catilina et Milo et Verres et Antonius hanc illi famam
circumdederunt: non quia tanti fuerit rei publicae malos
ferre cives ut uberem ad dicendum materiam oratores habe- 15
rent, sed, ut subinde admoneo, quaestionis meminerimus
sciamusque nos de ea re loqui quae facilius turbidis et in-
7 quietis temporibus existit. quis ignorat utilius ac melius esse
frui pace quam bello vexari? plures tamen bonos proelia-
8 tores bella quam pax ferunt. similis eloquentiae condicio: 20
nam quo saepius steterit tamquam in acie quoque plures
et intulerit ictus et exceperit quoque maiores adversarios
acrioresque pugnas sibi ipsa desumpserit, tanto altior et
excelsior et illis nobilitata discriminibus in ore hominum
agit, quorum ea natura est, ut secura velint * * *.   25
38   'Transeo ad formam et consuetudinem veterum iudicio-

---

3 de² *C**: *om.* *Bφζ*   4 civibus *Put.*: comitibus *BΓ*ζ*   5 habendus est *Bφ*: est habendus *C*: habendus *ζ**   in *om.* *Γ*   14 fuerit *Borg.*
lat. 413 (*ut coni. Nissen*): fuit *BΓ*ζ*   rei publicae *Heumann*: rem publicam (*vel sim.*) *BC*QE*: r.p. *ψ*: re.p. *V*   18 existit *Vat. lat. 2964*
ante corr., felici errore: extitit *BΓ*ζ*   21 quo ⟨quis⟩ *Michaelis* (*deinde*
nobilitatus)   22 quoque *b*: quo *BΓ*ζ*   22–3 maiores . . .
ipsa *Ritter post Bötticher*: maior aduersarius eo (*C*ψζ*: et *B²Q*: ei *B¹ ?*)
acrior (acriori *ψ ?*) qui pugnas sibi ipsas (ipse *b*) *BΓ*ζ*   24 nobilitata
Latinius: nobilitatus *Bφ*E*: nobilitate *C*: nobiltatus *V*   criminibus
*BΓ*ζ*: *corr. Lips.*   25 periculosa mirentur *suppl. John, alii alia*
(*aliquid excidisse intellexit Agricola*)

rum: quae etsi nunc aptior est †ita erit† eloquentiam tamen
illud forum magis exercebat in quo nemo intra paucissimas
horas perorare cogebatur et liberae comperendinationes
erant et modum dicendo sibi quisque sumebat et numerus
5 neque dierum neque patronorum finiebatur. primus haec 2
tertio consulatu Cn. Pompeius adstrinxit inposuitque
veluti frenos eloquentiae, ita tamen ut omnia in foro,
omnia legibus, omnia apud praetores gererentur: apud
quos quanto maiora negotia olim exerceri solita sint quod
10 maius argumentum est quam quod causae centumvirales,
quae nunc primum obtinent locum, adeo splendore aliorum
iudiciorum obruebantur ut neque Ciceronis neque Caesaris
neque Bruti neque Caeli neque Calvi, non denique ullius
magni oratoris liber apud centumviros dictus legatur,
15 exceptis orationibus Asini quae pro heredibus Urbiniae
inscribuntur, ab ipso tamen Pollione mediis divi Augusti
temporibus habitae, postquam longa temporum quies et
continuum populi otium et adsidua senatus tranquillitas
et maxima principis disciplina ipsam quoque eloquentiam
20 sicut omnia alia pacaverat?

'Parvum et ridiculum fortasse videbitur quod dicturus 39
sum, dicam tamen, vel ideo ut rideatur. quantum humili-
tatis putamus eloquentiae attulisse paenulas istas quibus
adstricti et velut inclusi cum iudicibus fabulamur? quantum
25 virium detraxisse orationi auditoria et tabularia credimus
in quibus iam fere plurimae causae explicantur? nam quo 2
modo nobiles equos cursus et spatia probant, sic est aliquis

1 ita erit *BΓ** (ita est erit *C ante corr.*): it°uerit *V*: om. *E, spatio
relicto*: veritati *Agricola*: del. *Dronke*   eloquentia *BΓ*ζ*: corr. *Agricola*
3 horas *B^vQ**: om. *BCψζ*   comperendinationis ζ: conprehendinationes
(*ex* -nis) *C*: comperandinationes *Q*   4 dicendi ψ   5 h(a)ec ζ*:
h^e *C*: h' *Q*: *quid* ψ, *incertum*: hic *B*   11 aliquorum *B*   15 Urbiniae *Lips.*: urui(a)e *Bζ*: uriuae *C*(?)*: urinae *Q* (*quid* ψ, *incertum*)
19 maxima *B*: maximi *Γ*E*: maximis *V*: maxime *Haase*   20 omnia
alia pacauerat *Γ*V*: alia omnia pacauerat *E*: omnia depacauerat *B*
21 videbitur *Ursinus*: uidetur *BΓ*ζ*: videatur *Orelli*   22 rideatur
*C*ψ.?ζ*: ridear *B*: ridentur *Q*   25 auditorie . . . tabulari(a)e ζ*

oratorum campus per quem nisi liberi et soluti ferantur
3 debilitatur ac frangitur eloquentia. ipsam quin immo
curam et diligentis stili anxietatem contrariam experimur,
quia saepe interrogat iudex quando incipias, et ex inter-
rogatione eius incipiendum est, frequenter probationibus et 5
testibus silentium [patronus] indicit. unus inter haec dicenti
4 aut alter adsistit, et res velut in solitudine agitur. oratori
autem clamore plausuque opus est et velut quodam theatro,
qualia cotidie antiquis oratoribus contingebant, cum tot
pariter ac tam nobiles forum coartarent, cum clientelae 10
quoque ac tribus et municipiorum etiam legationes ac pars
Italiae periclitantibus adsisteret, cum in plerisque iudiciis
crederet populus Romanus sua interesse quid iudicaretur.
5 satis constat C. Cornelium et M. Scaurum et T. Milonem et
L. Bestiam et P. Vatinium concursu totius civitatis et accu- 15
satos et defensos, ut frigidissimos quoque oratores ipsa cer-
tantis populi studia excitare et incendere potuerint. itaque
hercule eius modi libri extant ut ipsi quoque qui egerunt
40 non aliis magis orationibus censeantur. iam vero contiones
adsiduae et datum ius potentissimum quemque vexandi 20
atque ipsa inimicitiarum gloria, cum se plurimi disertorum
ne a P. quidem Scipione aut Sulla aut Cn. Pompeio
abstinerent et ad incessendos principes viros, ut est natura
invidiae, †populi quoque et histriones auribus uterentur†,
quantum ardorem ingeniis, quas oratoribus faces admove- 25
bant!
2   'Non de otiosa et quieta re loquimur et quae probitate et
modestia gaudeat, sed est magna illa et notabilis eloquentia
alumna licentiae, quam stulti libertatem vocant, comes
seditionum, effrenati populi incitamentum, sine obsequio 30

2 ipsa ζ*   4 quando *Bφ*: quam *B*ᵛζ: quam quando *C**   in-
cipias] s. causam *B s.l.**   6 patronus *del. Ritter*   22 ⟨L.⟩ Sulla
Ritter   Cn *Γ*ζ: G B   24 histriones quoque populi auribus
Acidalius (et *om. iam ψ?*) : populi quoque, ut histriones, plausibus *Haase*:
malim mimi quoque et histriones populi auribus   25–6 *post* ad-
movebant *lacunam indicavit Heumann*   29 uocabant *BΓ*ζ: corr.
Heumann*

sine severitate, contumax temeraria adrogans, quae in bene
constitutis civitatibus non oritur. quem enim oratorem 3
Lacedaemonium, quem Cretensem accepimus?—quarum
civitatum severissima disciplina et severissimae leges tra-
5 duntur. ne Macedonum quidem ac Persarum aut ullius
gentis quae certo imperio contenta fuerit eloquentiam
novimus. Rhodii quidam, plurimi Athenienses oratores ex-
titerunt, apud quos omnia populus, omnia imperiti, omnia,
ut sic dixerim, omnes poterant. nostra quoque civitas, donec 4
10 erravit, donec se partibus et dissensionibus et discordiis con-
fecit, donec nulla fuit in foro pax, nulla in senatu concordia,
nulla in iudiciis moderatio, nulla superiorum reverentia,
nullus magistratuum modus, tulit sine dubio valentiorem
eloquentiam, sicut indomitus ager habet quasdam herbas
15 laetiores. sed nec tanti rei publicae Gracchorum eloquentia
fuit ut pateretur et leges, nec bene famam eloquentiae
Cicero tali exitu pensavit.

'Sic quoque quod superest †antiquis oratoribus forum† 41
non emendatae nec usque ad votum compositae civitatis
20 argumentum est. quis enim nos advocat nisi aut nocens 2
aut miser? quod municipium in clientelam nostram venit
nisi quod aut vicinus populus aut domestica discordia
agitat? quam provinciam tuemur nisi spoliatam vexa-
tamque? atqui melius fuisset non queri quam vindicari.
25 quod si inveniretur aliqua civitas in qua nemo peccaret, 3
supervacuus esset inter innocentes orator sicut inter sanos

---

1 seueritate *Paris. lat. 7773*: seruitute *BΓ*ζ   temerarius ζ   3 accepimus *C**: accipimus *Bφ*ζ   5 ne *C*: nec *Bφ*ζ   ullius *ψ?E*:
illius *BC*Qψ?V*   14 sicut *Vat. lat. 2964*: sicuti *BΓ*ζ   indomitus
Put.: domitus *BΓ*ζ   15 letiores *Ambros. H29 sup.*: latiores
*BΓ*ζ   tanti *Rhen.*: tuta *BΓ*ζ   gr(a)ecorum ζ   16 bene *BᵛC*Qζ*:
bone *B(ψ)*   formam *BΓ*ζ: corr. Muretus*   18 antiquis oratoribus
forum (horum ζ*) *BΓ*ζ*: antiqui oratoribus fori *Spengel*: malim antiqui
fori (*vel* antiqui illius fori)   19 emendare *BΓ*ζ: corr. Faernus*
20 quis enim ζ*: quis enim quod nemo *BᵛQ*: quidem quod nemo *Bψ*:
quis enim quidem quod nemo *C*   21 clientelam *Pithoeus*: ciuitatem
*BΓ*ζ

medicus. quo modo tamen minimum usus minimumque
profectus ars medentis habet in iis gentibus quae firmissima
valetudine ac saluberrimis corporibus utuntur, sic minor
oratorum honor obscuriorque gloria est inter bonos mores
4 et in obsequium regentis paratos. quid enim opus est longis 5
in senatu sententiis cum optimi cito consentiant? quid multis
apud populum contionibus cum de re publica non imperiti
et multi deliberent sed sapientissimus et unus? quid volun-
tariis accusationibus cum tam raro et tam parce peccetur?
quid invidiosis et excedentibus modum defensionibus cum 10
clementia cognoscentis obviam periclitantibus eat?

5   'Credite, optimi et in quantum opus est disertissimi viri,
si aut vos prioribus saeculis aut illi quos miramur his nati
essent ac deus aliquis vitas ac [vestra] tempora repente
mutasset, nec vobis summa illa laus et gloria in eloquentia 15
neque illis modus et temperamentum defuisset. nunc,
quoniam nemo eodem tempore adsequi potest magnam
famam et magnam quietem, bono saeculi sui quisque citra
obtrectationem alterius utatur.'

42   Finierat Maternus, cum Messala: 'erant quibus contra 20
dicerem, erant de quibus plura dici vellem, nisi iam dies
esset exactus.'

'Fiet' inquit Maternus 'postea arbitratu tuo, et si qua tibi
obscura in hoc meo sermone visa sunt, de iis rursus con-
2 feremus.' ac simul adsurgens et Aprum complexus 'ego' 25
inquit 'te poetis, Messala autem antiquariis criminabimur.'

'At ego vos rhetoribus et scholasticis,' inquit.

Cum adrisissent, discessimus.

---

1 tamen $\Gamma*\zeta$: inde B: enim *Heumann*   2 his $C\zeta$ 4 honor
Orelli: horum $B\Gamma*\zeta$ obscurior $\zeta*$ 6 optima $B\Gamma*\zeta$: *corr. Rhen.*
13 illi *Halm*: isti $B\phi*\zeta$: istis C 14 ac² $B\Gamma*$: et E: *om. V*   vestra *del.*
Halm (vitas vestras ac tempora *Bekker*)   24 his $CQ\psi?\zeta$ 26 autem
Weissenborn: cum $B\Gamma*\zeta$: *om. Put.*

Ego tantum repperi et meliusculum feci CORNELI TACITI DE ORATORI-
BVS EXPLICIT FELICITER B: nihil (*ut videtur*) *in hyparchetypo* Γ *adnotatum est*:
CORNELII TACITI DE ORATOR. DIALOG? EXPL$^\text{T}$ E: Cornelii taciti de oratori-
bus explicit V

INDEX NOMINVM

I. AGRICOLA

II. GERMANIA

III. DIALOGVS